LA BOUTIQUE DU GRAND SAINT-MARTIN.

1846

I.

Rien ne ressemblait moins à nos fashionables *magasins* modernes que les *boutiques* sombres et humides où les Parisiens allaient acheter, il y a deux cents ans, les objets de luxe ou de nécessité. A cette époque primitive où l'industrie nationale n'avait pas pris son essor, si toutefois elle était née, c'est-à-dire pendant la minorité de Louis XIII, il y avait dans la vieille rue de la Tixeranderie, non loin de l'Hôtel-de-Ville, une boutique fréquentée dont la description succincte pourra donner une idée assez exacte de ce qu'était alors la demeure d'un marchand à la mode.

La rue de la Tixeranderie, même de nos jours, n'est ni large, ni propre, ni bien aérée; qu'on juge donc de ce qu'elle devait être dans un siècle où la propreté et la salubrité de la ville étaient à peu près laissées à l'arbitraire de chaque habitant. Mal pavée, fangeuse, elle formait en toutes saisons un de ces affreux cloaques dont les exhalaisons malsaines rendaient alors si dangereux le séjour de Paris.

La maison dont nous nous occupons était située vers le centre de la rue, à peu près à la hauteur de celle du Coq, entre deux autres bâtiments dont l'un avançait d'un pied sur la voie publique, tandis que l'autre rentrait d'autant.

Du reste, cette maison, ainsi que ses voisines, avait cette forme particulière qui distinguait les habitations bourgeoises du moyen-âge; le pignon était tourné du côté de la rue, le premier étage surplombait, et la façade laissait voir les poutres croisées qui formaient la charpente : le toit était couronné par des gargouilles et des chimères de plomb qui, en temps de pluie, versaient avec libéralité des torrents d'eau sur les passants.

Pour se garantir de ces inondations fréquentes, on était alors en usage de munir le devant des boutiques de vastes auvents ; mais eu égard à l'état de vétusté dans lequel on les laissait, ils n'offraient guère d'autre avantage que de priver les rez-de-chaussée du peu d'air et de lumière restant dans ces rues étroites. Tel était du moins le résultat de l'énorme auvent de bois, chef-d'œuvre du genre, qui couronnait la boutique en question : les ais pourris et disjoints de cette pesante machine, menaçaient d'une chute prochaine les chalands qui entraient et sortaient à chaque instant.

Ce gigantesque abat-jour soutenait à une hauteur convenable une plaque de tôle sur laquelle était représenté un chevalier armé de toutes pièces partageant son manteau avec un mendiant demi-nu; autour de ce magnifique morceau de peinture était écrit en gros caractères : Au grand saint Martin, *Nicolas Poliveau, vend du drap et du velours.* C'était l'enseigne dans toute sa naïveté.

Aucun vitrage ne s'opposait à la libre introduction du vent dans la boutique; deux épais battants en chêne se repliaient sur les murailles et formaient une large ouverture béante. De chaque côté étaient disposées de petites tables, de forme antique, chargées de pièces de drap ou de velours pour servir de montres; un apprenti veillait sans cesse sur ces marchandises ainsi étalées qui pouvaient tenter la cupidité des filous et des mendiants. A travers cet échafaudage mobile, le regard pénétrait dans le magasin, dont les parois étaient couvertes du bas en haut d'étoffes empilées.

Au fond un vieil escalier à vis, lourd et criard, conduisait aux étages supérieurs et servait, ainsi que la boutique, de passage banal aux personnes de la maison. Sous la cage de cet escalier, une sorte de niche vitrée était le cabinet et la caisse du maître de l'établissement ; de là tout en compulsant ses registres, il pouvait surveiller ses commis ou ses *apprentis*, comme on disait alors.

Une longue table, dont les pieds s'enfonçaient dans le plancher, régnait d'un bout à l'autre du magasin ; mais le jour était si sombre, que ce comptoir n'avait pas une grande utilité. Avant de terminer aucune acquisition, les défiantes pratiques transportaient ou faisaient transporter par le vendeur sur le seuil de la porte la pièce qu'ils avaient choisie, afin de s'assurer de la couleur ou de la qualité réelle de l'étoffe ; de la sorte presque tous les marchés se concluaient dans la rue, sous l'auvent protecteur.

Tout misérable que puisse paraître aujourd'hui à nos élégants négociants du boulevard, cet établissement d'autrefois, vers l'année 1612, il jouissait, comme nous l'avons dit, d'une vogue merveilleuse.

Nicolas Poliveau, son propriétaire était un marchand de vieille roche, honnête loyal, incapable de tromper ses pratiques sur la qualité de ses marchandises ou de *surfaire* le prix. D'ailleurs, personnellement l'estimable drapier du Grand-Saint-Martin, appartenait à l'aristocratie de la bourgeoisie, si l'on peut s'exprimer ainsi. Il avait été maître de la confrérie des drapiers, et en cette qualité il avait porté le dais à l'entrée de Marie de Médicis à Paris. De plus il avait exercé pendant plusieurs années la charge d'échevin au bureau de la ville, ce qui, aux termes de l'ordonnance d'Henri III, lui avait conféré la noblesse, et le bonhomme n'était pas peu fier de cet avantage, quoiqu'il ne voulût pas en convenir.

Par suite de cette illustration municipale, sa boutique était le rendez-vous des plus riches seigneurs et des plus nobles dames. Souvent la rue était encombrée par les carrosses armoriés des duchesses, les mulets de prélat et les genets de gentilshommes; une légion de pages et de laquais barbottait dans la boue fétide qui environnait la maison, et les voisins, en voyant tous ces trains somptueux s'arrêter à la porte du drapier, crevaient de jalousie.

Cependant cette faveur n'était pas due entièrement à la bonne réputation dont jouissait l'ancien échevin et à la qualité supérieure de ses tissus de soie ou de laine; il est juste de faire la part qui revenait dans cette affluence à une jeune et jolie personne, mademoiselle Rosette Poliveau a fille unique, qui trônait d'ordinaire omme une reine derrière le comptoir aternel.

Rosette, petite brune, à la figure espiègle et mutine, était pourvue de ces grâces engageantes particulières aux marchandes parisiennes. Elle avait tout juste cette coquetterie qui irrite et qui décide, sans compromettre celle qui l'emploie. Elle était irrésistible, surtout pour les hommes, quand elle vantait le reflet et la finesse d'un drap ou d'un velours; les jeunes seigneurs venaient de l'autre bout de Paris pour acheter l'étoffe d'un pourpoint choisie par *la petite Rosette, la fille à Poliveau* ou *la belle drapière*, car on donnait ces divers noms à la jeune marchande. Il était de bon ton au Louvre d'avoir fait ses acquisitions chez elle, et la réponse ordinaire d'un petit-maître, si l'on critiquait la nuance de son manteau, était qu'il n'avait trouvé rien de plus galant « chez la fille à Poliveau. »

On sent que la petite bourgeoise devait être bien glorieuse de la vogue étourdissante dont elle jouissait et la pensée avait dû lui venir plus d'une fois « d'échanger son chaperon de drap contre un chaperon de velours, » suivant l'expérience du temps, c'est-à-dire d'épouser un de ces beaux jeunes seigneurs qui venaient coqueter autour d'elle.

Plusieurs l'aimaient éperdûment, mais, quoiqu'elle fût légère, inconsidérée et peut-être un peu vaine, Rosette était sage au fond. Aussi, la calomnie n'avait-elle jamais trouvé à mordre sur elle, et il n'était bruit dans toute la rue de la Tixeranderie que de sa sagesse.

Néanmoins certains galants avaient cru voir quelques encouragements personnels dans les sourires gracieux, les cajoleries, le gentil babil que Rosette prodiguait aux chalands, mais ils s'étaient aperçus bientôt qu'ils avaient confondu la jeune fille avec la marchande ; on ne leur avait accordé rien de plus, rien de moins qu'aux autres pratiques.

Plusieurs avaient voulu se montrer entreprenants et se permettre avec elle de ces licences pour lesquelles les marchandes d'alors n'étaient pas très-sévères, si l'on en croit certains ouvrages satyriques, mais ils avaient été sur le point de s'en repentir. L'un d'eux profitant de l'absence de maître Poliveau, osa un jour dérober un baiser à Rosette ; tout-à-coup les deux apprentis fondirent sur lui, l'un, armé de longs ciseaux du métier, l'autre brandissant une demi-aune; force fut à l'insolent de s'enfuir au plus vite, tout gentilhomme qu'il était, car les courtauds de boutique l'eussent infailliblement assommé.

Tels étaient donc les éléments de succès du Grand-Saint-Martin; ajoutons que depuis deux siècles, les Poliveau étaient drapiers de père en fils, que la boutique avait été toujours au même lieu, avec les mêmes dispositions intérieures et extérieures, que l'enseigne se balançait à l'auvent vénérable depuis le règne de Charles VII; ajoutons encore que maître Nicolas, en sortant de charge, avait libéralement abandonné à son quartier *la ligne d'eau* à laquelle avaient droit les échevins, d'où l'on avait construit, à l'angle de la rue du Mouton, une jolie fontaine qui portait son nom, et l'on comprendra suffisamment de quelle popularité devait jouir le marchand dans la bonne ville de Paris.

Malheureusement toute médaille a un revers. Après avoir énuméré les causes de l'accroissement et de la grandeur de la maison Poliveau, il faut bien que nous parlions des sinistres rumeurs qui se répandaient sur sa prochaine décadence, à peu près à l'époque où commence cette histoire.

Tant qu'il avait fait les affaires de la municipalité, à l'Hôtel-de-Ville, le marchand avait négligé les siennes dans sa boutique; les beaux yeux et le gracieux babillage de Rosette n'avaient pas empêché le cours des soies et des laines de varier d'une manière désastreuse pour lui. Enfin les grandes dames et les gentilshommes qui fréquentaient sa maison, n'étaient pas très-exacts à payer leurs mémoires. Poliveau avait, disait-on, reçu plus d'une bourrade pour s'être montré trop pressant chez telle ou telle de ses nobles pratiques. Aussi prenait-on déjà avec lui des airs piteux, des mines hypocrites; on allait jusqu'à avancer en petit comité que le pauvre échevin pourrait bien se trouver dans la nécessité de faire banqueroute, qu'on le verrait peut-être un jour obligé de porter le bonnet vert, ce qui serait bien triste, pour la corporation des drapiers et pour ses amis, etc., etc. Nous ne pourrions répéter tout ce que disaient les charitables confrères de Poliveau, mais nous saurons bientôt jusqu'à quel point ces bruits fâcheux étaient fondés.

Un matin, avant l'heure où les chalands de qualité avaient coutume d'arriver, Rosette était déjà à son poste dans la boutique paternelle. Le maître était absent, et sa fille, assistée des deux apprentis, qui allaient et venaient autour d'elle d'un air affairé, se préparait à le remplacer de son mieux.

Mademoiselle Poliveau était vêtue avec simplicité, obéissant en cela aux règles de la modestie et aux lois somptuaires encore en vigueur; mais ses ajustements en étoffes de laine, avaient un air de propreté et d'élégance qu'eût envié une grande dame. Son casaquin brun, fort juste, soigneusement fermé autour du cou, à la mode de Flandre, faisait admirablement ressortir les contours de sa taille de guêpe. Sa tunique très-ample, à grands plis, était assez courte pour laisser voir deux petits pieds chaussés d'escarpins noirs. Une fraise tuyautée couvrait, sans les cacher, ses épaules finement cambrées. Du reste, elle n'avait ni mouches, ni roses de rubans alors appelées *assassins, mignons, galants*, etc., et comme si cette toilette tant soit peu puritaine, eût encore paru trop mondaine à la jolie bourgeoise, elle portait un tablier de serge fort simple, qu'on nommait un *devantier*. Enfin, elle avait pour coiffure, le chaperon de drap, signe caractéristique de sa condition.

Malgré le désavantage de ce costume,

Rosette était charmante, et les gens qui traversaient la rue de la Tixeranderie à cette heure matinale, ne manquaient pas de jeter sur elle un regard d'admiration.

La jeune boutiquière était assise à sa place ordinaire, derrière une des montres qui obstruaient la large entrée du magasin. De là, elle bravait la curiosité trop vive des promeneurs, tout en se ménageant avec soin les moyens de satisfaire la sienne; car à travers les paquets de marchandises formant l'étalage, la petite sournoise pouvait examiner à loisir ce qui se passait dans la rue et même chez ses voisins.

Cependant il ne faut pas croire que ce fût là une occupation suffisante pour Rosette Poliveau; à cette époque, une jeune fille de son état se fût crue déshonorée de se montrer oisive chez elle; aussi pendant que ses yeux malins épiaient furtivement la voie publique, ses jolis doigts tricotaient avec dextérité un gros bas de laine destiné à maître Poliveau.

En tout temps Rosette avait eu une bonne dose de cette vivacité féminine qui fait de l'isolement et du silence les plus grands supplices de la femme; mais il semblait que, ce jour-là particulièrement, elle eût des motifs secrets d'observer les passants avec attention; on eût dit qu'elle éprouvait un désappointement secret de ne pas voir paraître une personne attendue.

A mesure que la matinée s'avançait, sa figure prenait une expression d'impatience et de mécontentement. Plusieurs fois elle interrompit son travail et se pencha en avant pour observer quelque cavalier se glissant le long des maisons enveloppé dans son manteau, mais aussitôt elle remettait en mouvement ses doigts agiles et dévidait en soupirant son peloton de laine.

La préoccupation extraordinaire de leur jeune patronne n'échappa pas aux deux apprentis occupés à ranger les meubles et les paquets au fond de la boutique, mais sans doute ils en connaissaient la cause, car ils échangeaient de temps en temps des signes d'intelligence en la regardant.

Avec des qualités très-opposées, les apprentis de Nicolas Poliveau rendaient également service à leur maître. Le plus âgé des deux, était un grand jeune homme de vingt-cinq ans ; son pourpoint et son haut-de-chausses, quoique en simple drap brun, étaient toujours de la coupe la plus récente, et sa perruque était toujours frisée avec un soin particulier. Actif, intelligent, il avait des manières insinuantes qui plaisaient fort aux pratiques ; c'était lui qui déployait les pièces de drap ou de velours sur un signe de Rosette, et il ne manquait jamais de placer un mot convenable pour aider l'éloquence de sa jeune maîtresse. Du reste, on disait que Giles Poinselot, ainsi s'appelait l'apprenti, était un garçon orgueilleux, ayant *des idées au-dessus de son état,* ce qui lui avait attiré force sermons de la part de maître Poliveau. Certaines gens assuraient que le dimanche, lorsque la boutique était fermée, Giles s'habillait en cavalier, mettait une épée à son côté, prenait un chapeau à plumes et allait faire le gentilhomme au Cours-la-Reine ou dans le voisinage du Louvre; plusieurs voisins juraient qu'ils l'avaient reconnu; mais comme le cas avait paru au bourgeois de la plus haute gravité il n'avait pas voulu croire sans preuves positives, et la chose n'avait pu encore être éclaircie.

L'autre apprenti, par constraste, était petit, trapu, lourd et silencieux. C'était la bête de somme de la maison; c'était lui qui transportait d'un bout à l'autre de la boutique les lourdes pièces d'étoffe, et qui les remettait en place après le départ du chaland. Il se montrait aussi insouciant pour sa mise que son confrère était scrupuleux ; la plupart des nombreuses aiguillettes qui, suivant la mode du temps, joignaient son haut-de-chausses à son pourpoint, n'étaient pas attachées ou l'étaient de travers. Comme sa perruque était toujours mal peignée, par l'habitude de porter des fardeaux sur sa tête, on l'avait surnommé dans le voisinage l'*Ébouriffé*.

Nous nous empressons d'ajouter qu'il n'était pas prudent de donner ce sobriquet au grossier apprenti et de l'appeler différemment que Guillaume Leroux, son véritable nom. L'Ébouriffé parlait rarement et toujours avec un laconisme extrême ; mais il était homme d'action, et à la première provocation il tombait sur son adversaire avec des poings énormes qui eussent assommé un bœuf.

Tels qu'ils étaient, ces deux jeunes gens s'entendaient admirablement sur tous les points ; il y avait entre eux une sorte d'association où l'un mettait pour apport son intelligence, l'autre sa force musculaire. D'ailleurs tous les deux avaient été réunis par un instinct et par un sentiment commun ; ils aimaient, chacun à part soi et à sa manière, leur jeune maîtresse.

Ce sentiment qui eût dû les désunir n'avait fait que les rapprocher davantage ; voyant Rosette sans cesse entourée de jeunes et galants seigneurs qui croyaient avoir le droit de lui dire en riant et avec légèreté ce que tous les deux n'osaient s'avouer à eux-mêmes, convaincus que la belle drapière, enorgueillie par ces brillants hommages, ne laisserait jamais tomber un regard sur ses obscurs soupirants, ils avaient ressenti une haine profonde pour la noblesse. Tous les petits-maîtres qui fréquentaient la boutique de Poliveau devenaient des ennemis pour les apprentis; quand l'un d'eux parlait familièrement à Rosette, on eût vu Giles rougir et pâlir, tandis que Guillaume grinçait des dents dans son coin. Mais si l'on poussait la familiarité jusqu'à l'insolence avec la marchande, Giles s'écriait tout-à-coup : « Sus, sus, Guillaume ! » alors chacun empoignait, qui sa demi-aune, qui ses ciseaux énormes, et force était au galant de détaler au plus vite.

Dans la matinée dont nous parlons, les

apprentis partageaient jusqu'à un certain point le malaise évident de leur jeune maîtresse ; tous les deux avaient l'air triste et consterné, car un malheur menaçait Poliveau.

A cette époque, déjà si loin de nous, les commis et les domestiques ne se regardaient pas comme étrangers dans la maison où l'on avait accepté leurs services ; ils s'attachaient à leurs maîtres dont ils suivaient également la bonne ou la mauvaise fortune ; enfin, ils se croyaient membres de la famille. Aussi la tristesse des deux jeunes gens s'expliquait-elle naturellement par celle de la belle drapière.

La patience de Rosette fut à bout au moment où le carillon d'une église voisine sonna midi ; mademoiselle Poliveau laissa tomber son peloton à terre et murmura avec dépit, peut-être sans s'en apercevoir :

— Mon Dieu ! il ne viendra pas !

Cette exclamation décida Giles Poinselot, qui rôdait depuis quelques instants autour de la jeune fille, à s'approcher. Il s'élança pour ramasser le peloton, et il le lui présenta en disant d'un ton d'intérêt :

— Bon courage, demoiselle ; corbleu ! faut-il s'effrayer ainsi ? Le bourgeois ne peut tarder à rentrer et sans aucun doute il aura complété les dix mille écus qu'il doit payer demain, à pareille heure à cet insigne usurier de Jacomeny !....

Rosette le regarda fixement comme si elle n'eût pas compris le sens de ces paroles ; puis elle se remit à son ouvrage en disant avec légèreté :

— Oui, oui, maître Giles, je ne suis pas inquiète... tout cela s'arrangera facilement, j'en suis sûre.

Cette indifférence pour l'importante affaire dont Poliveau était occupé sembla affecter désagréablement l'apprenti.

— Quoi! Rosette, demanda-t-il plus bas, ignorez-vous donc que si cette somme n'était pas payée demain avant midi il faudrait... En vérité, je n'ose pas dire ce qu'il adviendrait de nous tous!

Rosette fit une petite moue impertinente.

— Allez à votre ouvrage, maître Giles, dit-elle avec humeur ; vous êtes triste comme le clocheteur des trépassés... L'on croirait, à vous entendre, que l'on va fermer demain la boutique du Grand-Saint-

Martin et que mon père a déjà tous les sergents du Châtelet à ses trousses... Allez à votre ouvrage, vous dis-je ; voici l'heure de la vente, et les pratiques ne tarderont pas à paraître.

L'apprenti baissa la tête d'un air confus.

— Je ne voulais pas vous offenser, Rosette, et puisque ce n'est pas le retard du bourgeois qui cause vos inquiétudes...

— Et pourquoi l'absence de mon père m'inquièterait-elle donc aujourd'hui plus que les autres jours ? Il est allé demander de l'argent à quelques-uns de nos riches débiteurs ; il n'y a pas de doute qu'il n'en rapporte tout-à-l'heure plus qu'il n'en a besoin... M. le maréchal doit seul, tant pour lui que pour sa maison, près de trois mille écus, et la duchesse de Liche...

— Ce n'est pas sur ces grands personnages que le bourgeois a dû compter pour rembourser Jacomeny, s'écria l'apprenti avec amertume ; non, non, ne le croyez pas, demoiselle..... si cela était tout serait perdu ! Heureusement il doit passer aussi chez son compère Gandillot, le gros drapier de la rue Guernetat, et c'est ce qui me rassure... Guillaume et moi, ajouta-t-il en jetant un regard de côté sur l'autre apprenti, nous savons comment ces riches gentilshommes traitent ceux qui viennent leur demander de l'argent !

Guillaume manifesta son assentiment par un juron qui retentit sourdement dans les cavités de sa large poitrine.

— Vous oubliez, dit la jeune fille avec

hauteur, la différence que les gens de qualité mettent entre mon père et vous ! Ils y regarderaient à deux fois avant de traiter cavalièrement un homme qui a été échevin de la ville et qui a été sur le point d'être prévôt... Car, afin que vous le sachiez, maître Giles, nous touchons de très-près à la noblesse ; il n'a tenu qu'à mon père de faire enregistrer ses lettres patentes au parlement. Cela ne coûterait, dit-on, que mille livres... Mais vous avez toujours eu une sotte haine pour la noblesse, Giles, vous et ce pauvre niais de Guillaume... Prenez garde l'un et l'autre, ces folies vous empêcheront de réussir dans le commerce!

Poinselot soupira et alla reprendre sa besogne en silence au fond du magasin.

Quelques moments s'écoulèrent encore,

Tout-à-coup Rosette tressaillit, se pencha vers la porte et murmura d'une voix inintelligible : — Le voici enfin !...

Mais presque aussitôt elle reprit tout haut d'un ton d'impatience :

— Non, c'est le comte de Manle, ce seigneur qui est toujours suivi d'un régiment de pages et de laquais... Allons, messieurs, préparez-vous à le recevoir..... un siége pour monsieur le comte.

Les jeunes gens s'empressèrent d'aller chercher au fond de la boutique un vieux fauteuil destiné aux pratiques d'importance.

— Il vient peut-être apporter les cent trente livres de la pièce de velours qu'il doit depuis six mois, dit l'incorrigible Giles en regardant sa jeune maîtresse.

— Paix ! reprit-elle avec autorité ; n'allez pas lui parler le premier de cette bagatelle... d'autant plus que monseigneur paraît bien triste et bien abattu aujourd'hui.

Au moment où elle achevait ces paroles, le comte entrait dans la boutique, soutenu par deux de ses gens; Rosette se leva précipitamment pour le recevoir.

LES PRATIQUES.

II

Ce personnage, agé de quarante à quarante-cinq ans, bien fait quoique un peu obèse, d'un teint encore frais et dont la moustache soigneusement cirée n'avait aucune teinte grisonnante, était vêtu avec toute la recherche d'un courtisan accompli.

Sa fraise à *confusion* était garnie des plus riches dentelles, son pourpoint était d'un magnifique taffetas orné de roses en rubans de la plus grande fraîcheur. Son haut-de-chausses écarlate, ouvert à la ceinture, avait une ampleur démesurée. Ses aiguillettes étaient d'or; ses ladrines, ou larges bottes, découpées sur le coude-pied, laissaient voir un bas incarnadin, suivant la mode récemment inventée par Pompignan. Par-dessus son ample perruque blonde était posé coquettement un chapeau rond, ombragé d'un fier panache. Il portait au côté une grande épée de duel de l'espèce appelée à *coquille* ; de longs éperons dorés résonnaient à ses talons, quoiqu'il fût venu à pied.

Le comte de Manle, puisqu'on donnait ce nom et ce titre à ce cavalier, était sombre et abattu, comme l'avait remarqué Rosette; telle était sa préoccupation qu'il ne parut même pas voir la jeune bourgeoise lorsqu'il entra dans la boutique.

Il s'appuyait d'un côté sur un homme à petit collet, entièrement vêtu de noir, qu'on pouvait prendre pour son secrétaire, de l'autre sur un laquais en riche livrée, sans doute son valet de chambre. Tous les deux montraient pour lui les attentions les plus respectueuses; il dirigeait sa marche avec précaution, comme si dans l'état de prostration morale où il se trouvait, il eût été incapable de se conduire lui-même. Sous l'auvent de la boutique se tenaient deux autres laquais d'assez méchante mine, ressemblant plutôt à deux coupe-jarrets qu'à des valets de bonne maison. Ces gens, à l'exemple de leur maître, affectaient une contenance triste et consternée.

Rosette alla au-devant de l'étranger et lui fit sa plus gracieuse révérence. Mais le distrait seigneur ne porta pas la main à son chapeau.

— Votre servante, monsieur le comte, répéta Rosette en s'inclinant plus bas et en prenant sa voix la plus caressante.

Le comte ne répondit pas et s'avança machinalement vers le siége que les apprentis avaient préparé.

— Monseigneur, puis-je savoir...

— Chut! fit le secrétaire d'un air mystérieux en appuyant un doigt sur sa bouche.

— Chut! répéta le valet de chambre avec une sorte d'effroi.

Rosette et les apprentis se regardèrent tout ébahis, ne sachant à quoi attribuer cette étrange visite. Les deux domestiques établirent leur maître en silence dans un fauteuil, au milieu du magasin. Lorsqu'il fut assis, il resta morne, immobile dans la position où on l'avait mis, les bras pendants, l'œil fixe et terne, comme un cataleptique.

Alors le secrétaire et le valet de chambre se retirèrent à quelques pas derrière lui, en donnant tous les signes d'une profonde douleur. Rosette se glissa vers eux et murmura à l'oreille de l'homme vêtu de noir :

— Sainte mère de Dieu! monsieur le secrétaire, qu'est-il donc arrivé à votre maître? lui, toujours si galant, si empressé, si prévenant...

— Monseigneur a reçu hier une fâcheuse nouvelle de ses terres, répondit le secrétaire d'une voix sépulcrale; depuis ce moment il est dans l'état où vous le voyez !

— Depuis vingt-quatre heures il n'a pris ni repos, ni nourriture, ajouta le valet de chambre d'un ton dolent en portant la main à ses yeux comme pour essuyer une larme invisible; nous allons perdre là un bien bon maître !

Rosette jeta un regard sur le visage frais et vermeil du comte ; elle ne put s'empêcher de penser que le noble seigneur n'avait pas trop mauvaise mine après un jeûne aussi long. Cependant elle reprit d'un ton d'intérêt :

— La nouvelle que monseigneur a reçue est donc bien terrible ?

— Oh ! oui, bien terrible ! répondit le secrétaire en détournant la tête, pendant que le valet de chambre poussait un gros soupir.

— Excusez ma curiosité, messieurs, mais enfin qu'est-il donc arrivé à M. le comte ? A-t-il appris la nouvelle de la mort de quelqu'un de ses parents ?

Le secrétaire secoua la tête.

— Son château est-il brûlé ? a-t-il perdu sa fortune ?

A cette question, l'un prit un air de pitié dédaigneuse, l'autre d'indignation.

— Son château, mademoiselle ! vous voulez dire *ses* châteaux, car il en a huit dont le moindre est aussi beau que le Louvre... Pour qui prenez-vous notre maître et nous qui le servons ?

— Sa fortune ! répéta l'autre, les bourgeoises ont de singulières manières de parler !... La fortune de monseigneur ?... Mais sa fortune se compose du magnifique comté de Manle, qui contient trois villes, cent cinquante villages, dont cent vingt à clocher, des forêts, des lacs, des rivières..... Je ne crois pas que tout cela puisse se perdre comme la bourse d'un vieux ladre de marchand qui revient de la foire de Saint-Germain !

Cette aigreur fit monter le feu au visage de la jeune fille; cependant la curiosité l'emporta sur son ressentiment.

— Mais alors, messieurs, expliquez-moi vous-même...

— Ce qui est arrivé coûtera la vie à bien du monde! reprit le secrétaire avec distraction; monseigneur a juré de faire pendre tous les coupables... et il le peut, car sur ses terres il a droit de haute et basse justice... il ne pardonnera à personne!

—Le croyez-vous, monsieur? demanda le valet d'une voix triste; mon maître n'est cependant pas cruel!

— Il est vrai, mais dans cette famille la moindre affliction leur fait perdre la tête... J'ai lu dans un manuscrit qui est encore à la bibliothèque de Manle que le comte Adhémar IV, le bisaïeul de monseigneur, fit écarteler quinze croquants parce qu'on avait oublié de fermer un connivert où il pensa se noyer.

—Espérons que notre excellent seigneur n'en viendra pas là.

Ce dialogue avait lieu à demi-voix, en présence de Rosette et des apprentis, qui s'étaient approchés pour écouter. La jeune fille, voyant que ses instances ne pouvaient arracher aux domestiques le secret de la douleur du comte et le motif de sa venue, allait regagner sa place avec dépit ; enfin le secrétaire reprit avec plus de courtoisie qu'auparavant :

— Gardez-vous, mademoiselle, de montrer un air gai à monseigneur, s'il vient à vous adresser la parole; il ne vous pardonnerait pas d'être joyeuse lorsqu'il a l'esprit affligé, et vous pourriez payer cher cette légèreté inopportune... vous perdriez infailliblement sa pratique, je vous en avertis.

— Oui, elle est belle, la pratique! grommela Giles.

— Je ferai de mon mieux, monsieur, répondit la jeune fille, mais il eût fallu peut-être me mettre dans la confidence du chagrin de monseigneur.

Le secrétaire jeta un regard interrogateur à son compagnon comme pour lui demander son avis; le valet de chambre laissa échapper un signe d'assentiment.

— Eh bien donc, reprit l'homme de confiance en baissant la voix et en regardant autour de lui d'un air inquiet, vous saurez que, par la faute de M. de Nangis, majordome du château de Manle...

— Eh bien?

— La biche privée que monseigneur aimait tant, qui allait et venait dans les appartements du château, est morte il y a trois jours... un courrier en a apporté la nouvelle hier matin !

Cette révélation fut faite d'un ton solennel ; celui qui parlait semblait frappé d'effroi et de douleur. La maligne Rosette échangea un coup-d'œil avec Giles Poinselot, et elle eut peine à retenir un violent éclat de rire. Mais la mine renversée des deux suivants, la présence du comte et plus que tout cela l'habitude de supporter patiemment les ridicules de ceux qui fréquentaient la boutique, la retinrent à temps. Elle reprit en tournant la tête :

— C'est en effet un grand malheur! M. le comte aimait donc bien cette biche privée, que sa mort l'affecte à ce point?

— S'il l'aimait! dit le secrétaire en levant les yeux au ciel; une si belle et si noble bête! oh! oui, il l'aimait, et nous l'aimions tous comme lui!

— Oh! oui, tous, répéta le valet de chambre.

— Mais enfin, messieurs, reprit Rosette, ennuyée peut-être de ces lamentations, puisque monseigneur ne parle pas, me direz-vous du moins pour quel motif il est entré chez nous?

Le valet de chambre s'adressa au secrétaire.

— Savez-vous, monsieur, ce que demande cette jeune fille? Notre maître ne m'a rien dit de son projet.

— Je crois, répondit l'autre, d'un air indifférent, qu'il est venu chez Poliveau acheter du drap noir pour habiller de deuil tous ses écuyers et tous ses pages, en mémoire de sa biche bien-aimée.

— Et sans doute il veut ce drap à crédit, comme la pièce de velours, dit Giles Poinselot avec une colère concentrée, sans s'inquiéter d'être entendu par le comte et par ses gens.

Le secrétaire et le valet de chambre jetèrent des regards furibonds sur l'insolent apprenti, et il fut heureux pour lui qu'en ce moment le silencieux seigneur parût sortir enfin de son abattement. Le comte de Manle tourna lentement la tête à droite et à gauche, comme pour reconnaître où il était; puis tout-à-coup il s'écria avec cet accent italien qu'affectaient alors, pour flatter la reine et le maréchal d'Ancre, tous ceux qui fréquentaient la cour ou qui se vantaient de la fréquenter :

— Eh mais, sour ma parole, ze souis cez mon ami de Poliveau, le roi des marçands drapiers!... et ze veux que le Diavolo m'emporte si ze sais comment ze souis venou ici!

Puis, apercevant enfin Rosette qui lui faisait une nouvelle révérence, il se leva courtoisement, ôta son chapeau et reprit avec la galanterie puérile du temps :

— Ventrebleu! mademoiselle, ze comprends maintenant ce qui m'attire dans cette boutique... ce sont vos beaux yeux qui brillent comme des escarboucles et qui sont comme un fanal pour les pauvres voyazeurs !

Rosette était trop habituée à entendre des compliments du même genre pour faire grande attention à celui-ci. Cependant elle répondit modestement qu'elle n'osait croire que monseigneur se fût dérangé pour si peu.

— Si veramente ! s'écria le comte, qui pour le moment semblait avoir oublié complètement la biche privée, vous ne savez pas, mademoiselle, combien il est question de vous dans la bonne compagnie... ze vous dirai en confidence qu'il y a trois zours, on a parlé de vous dans le cabinet de la reine.

— On a parlé de moi chez la reine! s'écria la jeune coquette, dont les yeux brillèrent de plaisir.

— C'est comme z'ai l'honneur de vous le dire et z'ai même entendu monsieur le maréchal... mais qu'est ceci? continua de Manle en jetant un regard sur sa personne ; qui m'a accommodé de cette façon ? Dieu me damne, me voilà galamment attifé pour paraître devant une zolie demoiselle comme la fille de mon cer ami de Poliveau, dans le logis d'un échevin de Paris!

Rosette regarda ce qui, dans la toilette du comte pouvait ainsi exciter sa colère; pas un de ses rubans n'était dérangé. Cependant il appelait ses gens à grands cris pour le mettre, disait-il, dans un état plus digne de se montrer aux beaux yeux de la charmante drapière. Les laquais qui étaient à la porte de la boutique accoururent pour aider le valet de chambre à réparer le désordre imaginaire du costume de leur maître.

— Holà! coquins, pendards, ze vous sasserai tous, disait-il avec une colère peut-être feinte pendant que ces gens s'empressaient autour de lui; on n'a pas mis de parfum à ma perruque et on a posé de travers mon *assassin*!... Mais, ventrebleu, ce n'est rien encore! continua-t-il en allongeant une main blanche et potelée, à demi-cachée par de larges manchettes de dentelles, on ne m'a pas mis de bagues. Ze crois!... Où est mon valet de bagues?

— Je suis ici, monseigneur, dit un des laquais d'un ton respectueux.

— Sers donc ton maître, maraud, reprit le comte en lui tendant les doigts. Ze te ferai écorcer vif si tu ne remplis pas mieux ton devoir.

Le laquais tira gravement de sa poche un petit écrin contenant plusieurs bagues d'une grande valeur, du moins en apparence; il les passa au doigt de monseigneur, qui enfin se radoucit un peu.

— Allons, c'est bien, reprit-il avec un geste insouciant, laissez-moi maintenant avec ma sarmante et bonne amie, mademoiselle Rosette, que z'aime horriblement.....

Les domestiques s'éloignèrent de quelques pas. Le comte croisa les jambes et se renversa dans le fauteuil pour se mettre à l'aise : cependant il gardait le silence ; la jeune fille, embarrassée, reprit sa place près du comptoir.

— Je vois avec plaisir, monseigneur, dit-elle enfin, que vous supportez le chagrin avec plus de courage que tout-à-l'heure, et cette biche privée...

Le gentilhomme tressaillit ; sa physionomie changea tout-à-coup.

— Que dites-vous ? reprit-il avec un accent de désespoir ; c'est donc bien vrai qu'elle est morte, cette pauvre Diane, cette pauvre bice de mon âme ?... Ze l'avais oubliée... sur ma parole, votre zentil minois m'avait fait oublier que z'avais perdou cette cère bête, quand ze donnerais oun million d'or pour la ressousciter ! Oh !

mon Diou! que ze souis malheureux!

En même temps, il se cacha le visage et parut sangloter.

— Quelle imprudence, mademoiselle! dit le secrétaire d'un ton de colère ; votre cœur est donc aussi dur qu'un rocher? Voyez dans quel état vous avez mis mon pauvre seigneur!

Bien que Rosette sympathisât peu avec la douleur ridicule de sa pratique, elle ne put s'empêcher d'exprimer le regret d'avoir réveillé ce violent désespoir.

— Ne parlons plus sur ce triste sujet, reprit bientôt de Manle en poussant un gros soupir et en frottant ses yeux rouges avec un mouchoir de dentelles ; cruelle et barbare demoiselle! votre présence avait versé sur mes blessures un baume dont vos paroles ont détruit tout l'effet !

— Comme c'est galant et bien tourné! dit le secrétaire à demi-voix, et que nous avons là un excellent maître !

— Mais que venais-ze faire cez mon ami de Poliveau ? continua le comte en portant la main à son front, comme pour aider sa mémoire ; *veramente* ! ze crois que z'avais oune raison... mais ze souis si bouleversé... Ah! z'y souis, ajouta-t-il d'un ton mélancolique, ze voulais soisir une centaine d'aunes de drap noir pour habiller mes zens ; ze ne veux pas que ma bice cérie soit mise en terre sans que personne porte son deuil ! ze veux du drap du premier soix, tout ce qu'il y a de plus beau et de plus cer... Mais il n'y est donc pas le bonhomme? Faudra-t-il donc que ze revienne?

— Il n'est pas nécessaire que mon père soit ici pour terminer cette affaire, dit Rosette en se levant; si monseigneur veut prendre la peine de choisir lui-même les étoffes, on les enverra à l'hôtel qu'il désignera.

— Ze m'en rapporte à vous, ma belle enfant; soisissez ce qu'il faut; souvenez-vous seulement que ze veux ce qu'il y a de plus beau et de plus cer...

— J'espère que monseigneur sera content, répondit Rosette en faisant signe aux apprentis de chercher les marchandises demandées.

Mais ni l'un ni l'autre ne bougea; ils chuchotaient à l'écart en regardant le muguet qui s'allongeait et se donnait des grâces au milieu du magasin.

— Mais z'y pense, reprit le comte tranquillement, vos courtauds de boutique (c'étaient les apprentis qu'il désignait ainsi) vous sont sans doute nécessaires et ils ne pourraient porter un si lourd fardeau..... Ze veux pourtant avoir ce drap auzourd'hui même; z'enverrai mes zens le serser dans deux heures...

— Eh bien, monseigneur...

Au moment où la jeune marchande allait accepter cette proposition, Giles Poinsenot s'élança vers elle et lui dit avec vivacité :

— Prenez garde, Rosette, à ce que vous allez promettre.

— A qui en avez-vous, maître Giles ?

— J'ai la certitude que ce seigneur est un...

— Que veut le courtaud? demanda le comte insolemment sans tourner la tête vers le jeune apprenti, et pourquoi se mêle-t-il à notre entretien ?

— Je dis, reprit le jeune homme pâlissant de colère, qu'il serait imprudent de faire crédit de cent aunes de drap à un habitué du brelan de la *Pomme-d'Or*... surtout lorsqu'on l'a vu jouer avec des dés pipés...

Un éclair d'indignation et de surprise parut sur le visage du comte de Manle; ses gens avaient tous l'œil sur lui, prêts à obéir au moindre signe. De son côté Giles avait appelé du geste son ami l'Ebouriffé, et ses formidables ciseaux; mais le comte après avoir jeté un regard inquisiteur sur l'apprenti, partit d'un éclat de rire qui fit trembler la boutique.

— Tête-Dieu ! s'écria-t-il en se renversant dans son fauteuil, voici oùn plaisant coquin !... Ze zurerais que le manant s'habille quelquefois en zentilhomme et qu'il va risquer sa pistole à la *Pomme d'Or* comme un homme de qualité... Mais oui, ze me souviens maintenant, continua-t-il en examinant Poinselot avec un redoublement de rires et de moqueries; celoui-là est le beau cavalier que z'ai ploumé dimanche dernier... Quoiqu'il fît le bon compagnon, ze m'étais douté que ce n'était pas un vrai zentilhomme, rien qu'à voir comment son épée s'engazait dans ses zambes et comment il attaçait sa fraise !... Pardieu! ze vais bien divertir quelques bons compagnons en leur racontant l'aventure!

Les laquais partageaient cette hilarité autant que le permettait le respect. Rosette elle-même ne put s'empêcher de sourire, mais elle reprit aussitôt d'un ton sérieux, en s'adressant à Poinselot qui baissait la tête.

— Cela est-il vrai, maître Giles? avez-vous réellement osé vous glisser parmi les gentilshommes et...

— Eh bien, oui, demoiselle, répliqua l'apprenti avec un effort de courage ; je l'avoue, une sotte curiosité, le désir de prendre le ton et les manières de ces gens de qualité qui vous plaisent tant, m'ont poussé deux ou trois fois dans un tripot, fréquenté par les jeunes seigneurs... Vous le direz au bourgeois, il me chassera honteusement de la boutique, je le sais bien; mais j'aime mieux être traité comme je le mérite, que de voir le bon maître dont j'ai mangé le pain pendant cinq ans être dupe d'un fripon.... Je déclare donc que ce prétendu gentilhomme, malgré ses grands airs, est renommé à la Pomme-d'Or comme un aigrefin qui sait jouer la carte pliée, la longue, la cirée; il est expert dans toute les filouteries; en deux tours de main il m'a eu gagné mon argent... j'ai appris ces détails d'un pauvre diable qui avait été témoin de ma mésaventure, et qui avait été autrefois victime de l'adresse de ce galant... Quoiqu'il fréquente des gens d'une véritable distinction, ce comte de Manle est soupçonné de vivre de ses profits au jeu ; on ne lui connaît ni terres ni revenus, et la plupart du temps on ignore où il demeure. On dit aussi que ses prétendus valets... mais je me tais. Vous en savez assez pour refuser à un intrigant ce crédit de cent aunes de draps; une pareille perte serait fatale en ce moment à notre excellent bourgeois!

Il avait fallu sans doute un grand fond de probité au jeune apprenti pour le décider à faire ce pénible aveu. Tandis qu'il parlait, son front ruisselait de sueur, tout son corps était agité par un tremblement nerveux. Les domestiques du comte, en en attendant traiter leur maître de filou et d'aigrefin, exprimaient par leurs gestes une violente indignation.

— Monseigneur, demanda le valet de

chambre en jetant sur Giles des regards menaçants, le respect seul nous empêche d'échiner cet insolent en votre présence... Mais si vous voulez le permettre...

— Non, non, dit le comte d'un ton langoureux en riant toujours, ze trouve que ce faquin est très-amousant. Ze m'amouse beaucoup, mais beaucoup!... Et cela est une distraction au sagrin que me cause cette pauvre Diane bien-aimée ! Est-ce que l'on fait attention à ce que disent les marauds de cette espèce? D'ailleurs, il a tout perdu avec moi, et il faut bien lui pardonner d'être un peu mauvais zoueur, puisqu'il n'est pas de la noblesse !

On comprend l'embarras de Rosette. Les révélations hardies de l'apprenti repentant avaient un air d'honnêteté et de bonne foi bien capable d'éveiller ses scrupules; d'un autre côté, les vices des grands seigneurs étaient si effrénés à cette époque, il était si ordinaire de voir des gentilshommes tricher au jeu ou faire pis, que la jeune fille ne savait pas s'il y avait dans cette accusation un motif suffisant de se brouiller avec celui-ci.

Dans cette perplexité, elle tournait fréquemment les yeux vers la rue, comme si elle se fût attendue à voir paraître son père, qui pouvait seul lever toute difficulté.

En ce moment, un nouveau personnage se montra sur le seuil de la porte. Rosette poussa un petit cri de surprise et de joie : cependant ce n'était pas son père qui entrait.

Le nouveau-venu, jeune cavalier de dix-sept à dix-huit ans au plus, avait des traits nobles, réguliers, sa lèvre supérieure était ombragée à peine par une moustache naissante. Il était mis aussi richement que le comte de Manle, mais ce qui dans la mode du temps sentait l'affectation ridicule avait été banni de sa toilette. Ainsi il ne portait pas de perruque, et ses beaux cheveux blonds tombaient en longues boucles sur ses épaules. Du reste son pourpoint de satin et son haut-de-chausses étaient du meilleur goût ; le manteau de velours brodé d'or qui flottait sur son épaule gauche lui donnait un air leste et pimpant. Malgré son extrême jeunesse, il écarta les laquais du comte qui étaient restés à la porte, avec le geste fier et digne d'un homme habitué à commander.

Son regard s'était d'abord arrêté sur Rosette, qui rougit et baissa les yeux. L'élégant cavalier ôta son chapeau à plumes, s'inclina gracieusement devant elle et, sans même s'apercevoir qu'il y avait là d'autres personnes, il allait lui faire son compliment, lorsque tout-à-coup le comte de Manle accourut vers lui, les bras ouverts :

— Eh! c'est, ma foi, ce cer petit marquis de Villenègre! s'écria-t-il avec une joie exagérée. Sur ma vie, il faut que ze l'embrasse!

Le marquis de Villenègre ne parut pas extrêmement satisfait de la rencontre dès qu'il eut reconnu à qui il avait affaire.

Cependant il fit bonne contenance, et se prêta aux politesses importunes du comte de Marle.

— Eh! que deviens-tou donc? continuait celui-ci en retenant par la main le jeune gentilhomme, et ce cer duc de la Villenègre, ton père, et cette bonne ducesse, ta mère, comment se portent-ils? Ne vont-ils pas bientôt mourir et te laisser ce zoli ducé de Villenègre où l'on dit qu'il y a de si belles sasses?... On ne te voit plus dans le cabinet du roi, ni au Cours-la-Reine, ni aux églises, et c'est dommage, car beau et fier comme tu es, tu feras ton cemin auprès des dames, c'est moi qui te le dis.

Ce ton de familiarité et d'égalité entre les deux gentilshommes pourrait donner la pensée qu'ils étaient liés ou du moins qu'ils se connaissaient depuis longtemps; cependant il n'en était rien. A cette époque il suffisait que deux hommes de qualité, ou réputés tels, se fussent vus deux ou trois fois dans un jeu de paume ou dans un cabaret, pour autoriser ces ridicules démonstrations d'amitié; c'était précisément le cas du comte de Manle et du marquis de Villenègre.

— Mon cher de Manle, dit le jeune homme impatienté en cherchant à dégager son bras et à couper court à ces longs compliments, tu m'excuseras si...

— Tou ne m'éçapperas pas comme ça, frère, reprit l'autre en riant; je ne t'ai pas vou depuis le zour où je te gagnai quelques centaines d'écus sur parole... Ne porte pas la main à ta bourse... tou me rendras ça oune autre fois; ze suis en fonds pour le moment. Ze sais que M. le duc, ton père, ne te donne pas plus de pistoles qu'il ne faudrait... Mais veux-tu que ze te dises pourquoi tu te caces comme ça? c'est que tu es amoureux, marquis.... Ze gage cent pistoles que tu es amoureux !

Le marquis rougit et sa rougeur se refléta sur le visage de Rosette. Le comte de Manle n'était pas homme à laisser cette circonstance inaperçue. Il se tut tout-à-coup et regarda fixement les deux jeunes gens, dont cet examen augmenta le trouble. Le bourreau n'en tint compte et prit plaisir à prolonger leur malaise en ajoutant d'un ton railleur :

— Z'ai rêvé une sose, marquis, c'est que tu n'es pas amoureux d'oune grande dame, mais de quelque petite bourgeoise fraîce et zoliette à croquer... C'est touzours ainsi qu'on commence ; on n'ose pas d'abord s'adresser aux ducesses, qui sont pourtant de bonnes et houmaines créatures... et voici, continua le comte en frisant sa moustache, un compagnon qui pourrait t'en dire des nouvelles !

— Tu te vantes, frère, tu te vantes, dit le marquis, saisissant avec empressement l'occasion de détourner la conversation, et si j'osais devant mademoiselle répéter certains mauvais bruits qui courent sur toi...

Mais le comte était trop matois pour prendre ainsi le change.

— Laissons ces mauvais bruits, interrompit-il précipitamment, et causons de toi... Tu avoues donc que tu es amoureux d'un *choperon de drap*... de la fille d'un bourzeois, veux-je dire?

— Je n'ai rien avoué, s'écria Villenègre avec vivacité.

— Ah! tou veux faire le discret, tou as raison, mon zeune ami, c'est de cette façon que ze souis moi-même... Mais, dis-moi, la belle partaze sans doute ta flamme?

— En vérité, s'écria le jeune Villenègre, oubliant à qui il parlait, et jetant un coup-d'œil à la dérobée sur Rosette, depuis deux mois je n'ai pas même pu obtenir d'elle la faveur de lui parler sans témoins!

Le comte partit encore d'un grand éclat de rire; le marquis ne savait s'il devait partager cette hilarité ou s'en fâcher tout de bon.

— Oh! le fameux cevalier du temps du roi Arthur! s'écriait de Manle; comme je reconnais bien là mes commencements!... mais, entre nous, frère, ze vois bien que, pour être si peu avancé dans tes amours, après deux mois de soins, tu ne t'es pas adressé à ounè ducesse!

Le marquis cherchait une occasion de querelle, afin de se débarrasser des obsessions de ce fâcheux.

— Comte, reprit-il d'un ton sec, vous en voulez bien aux duchesses... vous oubliez que madame ma mère...

— Eh! qui te parle de ta respectable mère, que z'aime et que z'honore de toute mon âme? Ce n'est pas des ducesses de soixante ans, comme elle qu'il s'azit, et tou le sais bien... Mais tou as beau faire, ze souis connu en bon lieu; ze souis oun raffiné d'honneur et z'ai quelque peu de couraze..., aussi tou ne me décideras pas à t'appeler sour le pré, parce que ze te tiens pour un galant homme et mon ami.

— Cependant, comte, vos quolibets sur les duchesses...

— Tou veux que nous ne parlions plus des ducesses! eh bien ; parlons des bourzeoises... Tu dis donc que la cruelle décire ton pauvre cœur! Elle s'amendera, l'inhumaine !... Car enfin, z'en appelle à cette très-agréable et très-honorable demoiselle Rosette de Poliveau (et en parlant ainsi le comte avait pris le marquis par la main et l'avait placé en face de la jeune fille, dont cette action hardie redoublait l'embarras); regardez ce beau visage, continua-t-il en désignant le front noble et pur de Villenègre, voyez ces yeux qui brillent comme des diamants, ce teint de lis et de roses, cette moustace bien troussée, et dites-moi, ze vous prie, si vous avez jamais vu un plus sarmant cavalier?

Cette interpellation bouffonne acheva de faire perdre contenance aux jeunes gens.

— Monseigneur, bégaya Rosette en tortillant un coin de son tablier, sans vouloir nier les mérites de M. le marquis, vous comprenez qu'il n'appartient pas à une jeune fille telle que moi...

— Mais ce n'est rien encore! reprit l'imperturbable panégyriste; mon très-cer ami Villenègre a de l'esprit, de la naissance, et on dit que le ducé qu'il doit avoir oun zour vaut deux cent mille écus... Avec ça il est brave, beau zoueur, et toutes les dames de la cour raffoleraient de lui s'il voulait seulement zeter sur elles oun pauvre petit regard de compassion... Eh bien, dites-moi, la méçante qui cause son tourment, ne devrait-elle pas plutôt être fière d'avoir un galant si accompli?

Rosette, à qui s'adressait cette question, ne répondit rien : Villenègre, qui, malgré le ridicule de sa position, suivait avec anxiété chaque mouvement de la belle drapière, interrompit son singulier ami avec une sorte de dépit :

— Grâce, mon cher de Manle, ne vois-tu pas que tu mets mademoiselle à la

LA BELLE DRAPIÈRE. 85

torture, en voulant lui donner pour ma personne une estime qu'elle n'a pas?

— Monsieur le marquis ne peut croire...

— Ze parie du moins, reprit le comte avec son sang-froid imperturbable, que mademoiselle Rosette, toute sévère et farouche qu'elle est, ne pourra s'empêcher d'approuver le trait que voici : Il y a quelques zours, Polastron avait dit à table d'hôte que Villenègre était amoureux d'une bourzeoise et qu'elle l'avait accepté pour galant; cette bourzeoise était une zeune fille saze et honnête que ze ne vous nommerai pas...

— Comte, interrompit brusquement le marquis, comment as-tu pu savoir...

— Ne crains rien, ze ne conterai que ce qu'il faut..., voici donc ce qui est arrivé;

le marquis va trouver Polastron en bonne compagnie et lui dit : « Cavalier, vous avez dit que z'étais le favori d'une demoiselle vertueuse ; vous vous êtes trompé ; il faut vous rétracter. » Polastron repart qu'il n'en fera rien. On est allé sur le terrain, et Polastron a reçu un furieux coup d'épée dans l'épaule, dont il est encore au lit ; et ainsi l'honneur de la demoiselle est sauvé.

Pendant ce récit Rosette avait éprouvé une vive émotion ; il ne lui était pas difficile de deviner quelle était la jeune bourgeoise pour qui le marquis s'était battu.

— Vous avez fait cela, monsieur de Villenègre ? dit-elle avec entraînement ; vous avez défendu l'honneur d'une femme obscure, d'un rang inférieur au vôtre?

Oh ! cela est bien, et je vous remercie... pour celle que vous avez fait respecter.

En parlant ainsi, elle tendit la main à Villenègre, qui la porta à ses lèvres et y glissa un petit billet. Dans tout autre moment Rosette eût refusé peut-être de le recevoir, mais son imagination était encore frappée par le récit du comte : le papier passa rapidement de la main de la jeune fille à la pochette de son tablier. Une seule personne s'aperçut de ce mouvement c'était Giles Poinselot.

A partir de cet instant, Villenègre supporta beaucoup plus patiemment qu'auparavant les compliments sans fin, les importunités du comte. La conversation devint plus suivie entre les deux gentilshommes, et on devisa gaîment de la cour et des nouvelles du jour.

Pendant ce temps, le secrétaire et le valet de chambre du comte étaient allés rejoindre leurs camarades dans la rue; tous ensemble ricanaient effrontément au nez des passants.

Quant aux apprentis, ils s'étaient retirés au fond de la boutique; de là, ils examinaient avec attention les deux gentilshommes qui papillonnaient autour de la jeune bourgeoise. Guillaume, appuyé contre une pile de drap et la main sur les énormes ciseaux, son arme habituelle, restait dans une immobilité complète. Giles, au contraire, donnait des signes fréquents de colère impuissante et silencieuse ; il serrait les poings convulsivement ; sa poitrine était oppressée.

Le comte, avec force soupirs et regards tournés vers le ciel, racontait au jeune marquis les qualités, les vertus et les charmes de la défunte biche, lorsque la vue d'un nouveau personnage qui tourna l'angle de la rue voisine et s'avança rapidement vers le magasin, vint faire diversion à cet entretien. Les apprentis laissèrent échapper un geste de satisfaction ; Rosette se leva vivement. Au même instant maître Poliveau entra dans la boutique, avec deux robustes garçons chargés de sacoches d'argent.

LE BOURGEOIS.

III.

Poliveau était un petit homme gros, court, dont la figure douce et rubiconde présentait encore peu de rides, quoiqu'il eût soixante ans. Il portait une grosse houppelande de tiretaine brune, des chausses de drap, un chapeau large de bords et haut de forme ; ce costume simple était passablement suranné, et l'étoffe en paraissait mûre en plus d'un endroit. Au lieu de fraise il avait un collet rabattu, comme au temps du feu roi Charles IX ; malgré la mode, il n'avait jamais pu se décider à couvrir d'une perruque ses cheveux grisonnants. Tout enfin dans l'extérieur de l'ancien échevin rappelait ces honnêtes marchands plus désireux de faire honneur à leurs engagements commerciaux que d'éblouir les yeux de leurs pratiques par une mise élégante.

En apercevant les gentilshommes installés dans sa boutique, une légère expression de mécontentement se montra sur son visage. Cependant il salua poliment, quoique avec froideur, les deux étrangers, qui s'étaient levés pour le recevoir. L'un lui tendit la main, l'autre s'inclina fort bas.

— Et bonzour, monsieur mon ami de Poliveau! dit le comte avec sa politesse exagérée; *veramente,* ze souis ravi du fond de l'âme de vous voir si frais et si vermeil.

— Je vous salue, sire * Poliveau, dit le marquis gracieusement.

—Bonjour, messieurs, bonjour, répondit le marchand d'un air bourru, je suis votre serviteur... mais permettez-moi, avant de répondre à vos compliments, de renvoyer ces braves garçons que voici... Et vous, fainéants, paresseux, continua-t-il en s'adressant aux apprentis qui restaient immobi-

---

* On donnait encore à cette époque le titre de *sire* aux marchands de Paris.

les, remuez-vous donc et transportez cet argent dans mon coffre-fort, là dans l'arrière-boutique.

Les portefaix déposèrent leur lourde charge sur le comptoir et se retirèrent, tandis que les apprentis se mettaient en devoir d'obéir à l'ordre du patron. Le comte de Manle regardait avec étonnement ces énormes sacs et semblait calculer la somme qu'ils pouvaient contenir.

— Vrai Dieu ! dit-il enfin, ces messieurs les bourzeois ont plus d'arzent que nous autres zentilshommes !... Voilà, sur ma parole, autant d'écus qu'en produit ma comté de Manle en trois mois !

— Oui, répliqua le marchand avec humeur en s'asseyant et en essuyant son front couvert de sueur; mais votre argent, à vous autres grands personnages, est destiné à être dépensé en folies, en parties de jeu et de bagues, en beaux équipages... le nôtre, à nous autres marchands, est destiné à payer nos dettes!

— En effet, dit le comte avec indifférence, on m'a conté que les marchands se faisaient entre eux des cédules et des reconnaissances, et que le jour venu il fallait payer... C'est fort merveilleux!

—Et quand les gentilshommes qui prennent nos marchandises à crédit refusent de s'acquitter, continua Poliveau d'un ton de rancune, nous devons nous trouver fort empêchés.

Cette observation était sans doute un sarcasme à l'adresse des deux auditeurs, car tous les deux devaient de l'argent à l'ancien échevin. Mais ni l'un ni l'autre ne parut s'en formaliser ; Rosette, qui voulait détourner la conversation, demanda avec intérêt :

—Vous paraissez bien fatigué, mon père; avez-vous donc été forcé d'importuner vos nobles pratiques pour compléter cette somme ?

Cette question eut un effet entièrement opposé à celui qu'en attendait la belle drapière.

— Au diable les nobles pratiques ! dit Poliveau brusquement.

Mais se reprenant tout-à-coup :

— Ce n'est pas pour vous que je parle, messieurs ; mais en vérité les gens, si affables dans ma boutique, ne me répondent que par des avanies et de mauvais traitements dans leurs hôtels !

— Mon père, dit la jeune fille en tressaillant, serait-il possible que ce matin...

— Ce matin j'ai maudit plus d'une fois ma sotte manie d'accorder crédit à la noblesse de préférence à la roture, dit le bonhomme en baissant la tête ; si Gandillot ne fût venu à mon secours, demain ma ruine était complète...

— Comment, mon père, vous n'avez pas reçu cet argent du duc de Bellegarde ou de madame la maréchale ?

— Je n'ai pas reçu un écu, pas un sou, pas un denier de ceux dont tu parles, Rosette, mais de belles paroles et plus souvent des injures... j'ai été forcé d'emprunter à mon compère une somme qui m'est due sept fois par des grands seigneurs.

Rosette observa à la dérobée les deux étrangers. Le comte de Manle semblait fort occupé à regarder les deux apprentis transporter l'argent dans l'arrière-boutique, et le tintement des écus dans le cabinet voisin l'empêchait sans doute d'être attentif à la conversation. Villenègre seul risqua quelques mots en faveur de sa caste, mais avec timidité, de peur d'augmenter le mécontentement du père de Rosette :

— Vous êtes bien sévère pour les gens de qualité, maître Poliveau, et vous oubliez que vous-même vous n'appartenez déjà plus à la roture... Cependant, croyez-moi, il est dans la noblesse des hommes pleins d'honneur, qui ne se feront pas faute de vous payer capital et intérêts...

— Je n'en doute pas, monsieur le marquis, dit le bonhomme d'un ton légèrement ironique, mais il faut pour cela qu'ils aient la libre disposition de leurs biens... leurs père et mère peuvent les faire attendre longtemps encore !

Le marquis sentit le coup et se mordit les lèvres. En ce moment le comte de Manle, distrait d'abord par les allées et venues des apprentis, se mêla de nouveau à la conversation :

— Ne nous brouillons pas, sire Poliveau, dit-il en caressant sa moustache, vous paraissez ce matin avoir de l'humeur, et ce n'est pas bien de la faire retomber sur le marquis et sur moi... Si ze répétais vos propos en bonne compagnie, il pourrait vous en arriver malheur... Quant à moi, ze veux que vous me disiez francement si vous me tenez pour un galant homme?

— Mais... cela peut être, répondit le bourgeois intimidé, je vous connais à peine.

— C'est fort bien; mais vous avez aussi offensé M. de Villenègre, mon ami, et il faut que vous déclariez aussi qu'il est homme d'honneur.

— J'y consens volontiers, car je le connais beaucoup mieux.

— Eh bien! en ce cas nous sommes appointés et il n'y a plus d'offense, reprit le comte en ajustant le baudrier de sa grande épée de duel; il me suffit que vous ayez déclaré tout haut que vous nous tenez pour zens d'honneur...

— L'un veut lui voler son drap et l'autre lui voler sa fille, murmura Giles Poinselot du fond de la boutique.

Poliveau se leva.

— A propos, messieurs, reprit-il, j'ai oublié de vous demander ce qui me procure le précieux avantage de votre visite... Vous, monsieur le marquis, puis-je savoir...

— Mais, dit Villenègre embarrassé, je passais par ici... je n'ai pu résister au désir de m'informer de votre santé et de celle de votre aimable fille...

— Mille remercîments pour moi, répliqua brusquement le bonhomme; quant à ma fille, vous prenez trop de soin. J'ai remarqué vos assiduités à ma boutique, monsieur de Villenègre… quoique je sois un vieil oison, je sais bien qu'un jeune et riche seigneur, tel que vous, n'y vient pas pour mes beaux yeux ; comme il serait malséant que ce fût pour ceux de Rosette, je vous serai très-obligé de nous priver, elle et moi, de votre honorable présence… On commence à jaser de vous dans mon quartier, et je tiens à l'estime de mes voisins.

Le jeune homme rougit ; il allait peut-être répliquer avec aigreur, mais Rosette passa près de lui pour se retirer dans l'intérieur de la maison et lui fit un signe suppliant. Il se calma comme par enchantement et la salua avec grâce ; néanmoins, il ne voulut pas paraître céder aux injonctions du marchand en se retirant aussitôt ; il se posa fièrement près de la porte, et attendit le comte de Manle.

Pendant ce temps Poliveau s'était tourné vers le fanfaron d'honneur et lui avait adressé la même question qu'au marquis.

— Quant à moi, mon cer ami de Poliveau, dit le comte avec un très-grand sang-froid, ze venais vous aceter cent aunes de drap, mais z'ai sanzé d'avis depuis que ze vous ai vu si mal disposé pour la noblesse.

— Cependant, monsieur...

— Non, non ; vous n'êtes pas zentil auzourd'hui, reprit de Manle en se levant ; dans quelques zours ze reviendrai avec oun laquais qui portera oun sac de mille pistoles et nous verrons bien alors si vous serez aussi maussade.

Il espérait peut-être que le marchand, alléché par cette annonce, allait livrer sur-le-champ la marchandise ; mais Poliveau exaspéré de l'inutilité de ses démarches récentes, ne donna pas dans le piége.

— Quand il vous plaira, monsieur, dit-il en s'inclinant profondément, je suis disposé à vous servir de tout mon pouvoir.

De Manle fit une grimace de désappointement.

— Viens-tu, comte ? demanda Villenègre ; je te propose de dîner ensemble à la *Pomme-d'Or.*

— De tout mon cœur, marquis ; mais tu ne sais pas une zoyeuse idée qui me pousse ?

— Quoi donc?

— Ce serait de bâtonner monsieur notre ami Poliveau que voici.

Et le comte partit d'un grand éclat de rire comme s'il eût dit une chose fort plaisante. Poliveau, dont la qualité principale n'était pas le courage, recula de quelques pas en pâlissant.

— Messieurs, s'écria-t-il, je ne crois pas avoir rien fait qui ne doive vous offenser à ce point...

— Ne craignez rien, sire Poliveau, dit le marquis avec dignité, je n'ai pas eu un seul instant la pensée de châtier votre impolitesse... vous êtes sous la protection d'une jeune demoiselle que je respecte et que j'honore; je ne souffrirai pas qu'il vous soit fait aucun mal.

— Et il ne serait pas prudent de commencer l'attaque, dit Giles Poinselot en se montrant tout-à-coup derrière son patron, armé d'une grosse demi-aune et assisté de Guillaume qui brandissait ses ciseaux.

Le marquis répondit à cette bravade par un regard de mépris, le comte par un violent éclat de rire, et ils sortirent de la boutique en se donnant le bras.

A peine eurent-ils fait vingt pas que de Manle, cessant de rire tout-à-coup, dit à son jeune compagnon encore tout ému de ce qui venait d'arriver :

—Ah çà ! Villenègre... j'ai deviné la vérité : tu aimes la petite et la petite t'aime... Tu es un enfant et tu ne sais pas comment on mène ces sortes d'aventures; ze veux t'aider pour que nous nous venzions tous les deux de ce vieux butor de marchand; ce soir, la petite sera en ton pouvoir...

— Ce soir! répéta le marquis tout étourdi en ouvrant de grands yeux.

— Ce soir... Mais attends-moi un instant, il faut que je renvoie cette canaille, qui nous zênerait jusqu'au moment où nous aurons besoin d'elle...

En même temps il revint sur ses pas, dit quelques mots à ses domestiques, et ils se dispersèrent aussitôt. Puis il rejoignit le jeune homme, qui l'attendait avec anxiété.

— Le brelan et les dés t'ont-ils laissé quelques pistoles? demanda-t-il.

— J'ai encore quelques écus dans ma bourse.

— Tou me les prêteras; ze te les rendrai demain, car ze toucerai oune forte somme... dix mille écus.

— Volontiers; mais pourrais-tu me dire...

— Rien. Allons à la Pomme-d'Or, et pourvu que tu me laisses azir à ma guise, ze te promets que la nuit proçaine nous aurons raison de toute cette bourzeoisie!

L'APPRENTI.

IV.

A l'époque où se passaient les événements de cette histoire, Paris, le soir, n'était pas inondé de lumière comme au temps où nous vivons. Aussi, à la chute du jour, le bruit et le mouvement cessaient-ils tout-à-coup; les églises et les théâtres se fermaient, les bourgeois se retiraient dans leurs maisons; la circulation était interrompue partout, excepté dans un ou deux quartiers privilégiés. A la nuit close, la ville devenait la proie des filous, des voleurs et des assassins qui l'infestaient; un paisible citadin ne se hasardait alors à sortir que pour affaire indispensable, après s'être muni d'une arme pour se défendre et d'une lanterne pour s'éclairer.

Dès que la grosse cloche de Saint-Méry eut sonné l'angelus, la boutique de Poliveau fut fermée à grand bruit. Le bonhomme reconnut par lui-même que tout était en ordre, puis il monta au premier étage, dans une pièce où sa fille et ses apprentis devaient l'attendre pour le repas du soir.

Cette pièce, qui servait à la fois de cuisine et de salle à manger, était grande, irrégulière ; ses murailles nues ne présentaient ni tentures, ni lambris. Les meubles étaient grossiers, antiques, noircis par la fumée aussi bien que par le temps. Dans un angle, un immense vaisselier étalait aux yeux des assiettes et des plats d'étain brillant comme de l'argent. Une table, dressée au milieu de la salle, était ornée d'une nappe de toile rousse et de quatre couverts.

La place du maître était marquée par un fauteuil en tapisserie et par un gobelet d'argent d'assez modeste apparence; mais celle de Rosette n'avait aucune marque distinctive. La belle drapière ne semblait pas habituée à plus de luxe que les autres convives; Poliveau, d'après les traditions de la classe marchande, se serait fait un cas de conscience de traiter ses apprentis différemment que sa propre fille.

Une vieille servante hargneuse préparait le souper de la famille; un petit chien, assis au coin du feu, tournait gravement la broche, appuyée sur deux chenets de fer, et aspirait sournoisement le fumet du rôti doré dont il était le gardien. Un jour terne, traversant les vitraux jaunâtres de la fenêtre, éclairait cet intérieur fumeux et patriarcal.

En entrant, le bonhomme jeta un regard rapide autour de lui pour s'assurer si tout le monde était à son poste,

Rosette était assise toute rêveuse près de la fenêtre; Guillaume achevait de disposer les siéges autour de la table, car malgré la manière toute paternelle dont on les traitait, les apprentis d'alors remplissaient certaines fonctions voisines de la domesticité. Quant à la servante, au moment précis où Poliveau mettait le pied sur le seuil de la porte, elle s'avança pour débarrasser le chien tourne-broche de sa besogne et dresser sur un plat le pompeux rôti qui composait le souper.

Mais le bourgeois rigide ne fronça pas moins le sourcil en remarquant que Giles Poinselot, le premier garçon, n'était pas encore arrivé.

— Qu'est ceci? s'écria-t-il d'un ton d'humeur; faudra-t-il aussi que j'attende pour me mettre à table le bon plaisir de mes apprentis ? Me croit-on déjà ruiné et incapable de faire valoir mes droits de maîtrise dans ma maison ? Où donc est cet insolent muguet ?

La voix tonnante de Poliveau tira Rosette de ses méditations; elle se leva avec vivacité.

— Ne vous fâchez pas, mon père, dit-elle timidement; Giles m'a chargée de l'excuser auprès de vous s'il ne paraît pas au souper; il est monté à sa chambre pour s'habiller, et...

— Où peut donc aller ce beau cadet à pareille heure? reprit le marchand avec aigreur; prend-il ma maison pour une auberge dont la porte reste ouverte toute la nuit?... Mais, continua-t-il d'un air sombre, qu'il fasse ce qu'il voudra. Bientôt peut-être je n'aurai plus d'ordres à donner à personne... un peu plus tôt, un peu plus tard, qu'importe?..... Mettons-nous à table.

Il fit signe à sa fille et à Guillaume de prendre leurs places; puis, ôtant son chapeau, il prononça dévotement le *Benedicite*, et le dîner commença.

Les premiers moments du repas furent silencieux; Poliveau continuait d'être préoccupé, et Rosette ne manquait pas de sujets de réflexion; quant à Guillaume, il parlait fort rarement, à moins que l'on ne l'interrogeât; la conversation ne devait donc pas être très-active entre ces trois personnes.

Cependant, Poliveau ayant bu plusieurs

gobelets d'un vin généreux dont un broc était placé devant lui pour qu'il en fît une distribution raisonnable aux convives, se dérida un peu et s'aperçut enfin que Rosette n'était ni aussi éveillée, ni aussi rieuse qu'à l'ordinaire.

— Qu'as-tu donc, mon enfant? lui demanda-t-il d'un ton de bonté, t'aurais-je effrayée par ma brusquerie ou par mes tristes prévisions? Que veux-tu? mes aventures d'aujourd'hui m'ont inspiré des réflexions fâcheuses... Mais il ne faut pas t'inquiéter pour cela; je ne veux pas que ma jolie Rosette pâlisse et perde sa gaîté.

— Il est vrai, mon père; ces cruelles inquiétudes m'ont bouleversée, répondit la belle drapière avec embarras.

— Allons, allons, courage, ma fille; le

danger n'est pas passé sans doute, mais il vient de s'éloigner de nous... Cependant je tremble encore, je l'avoue, en y songeant, si Gandillot n'avait pu me prêter aujourd'hui les sept mille écus qui me manquaient pour payer Jacomeny, moi, Nicolas Poliveau, maître de la confrérie des drapiers, moi ancien échevin de la ville, moi qui passe pour le plus honnête marchand du quartier, j'aurais été forcé de faire banqueroute comme un fripon!

En même temps le bonhomme avala un nouveau gobelet de vin pour noyer son chagrin ou peut-être pour cacher de grosses larmes qui lui venaient aux yeux; mais la jeune fille ne remarqua pas son attendrissement.

— En vérité, mon père, reprit-elle d'un

ton distrait, je ne puis comprendre comment aucun de ces riches seigneurs qui fréquentent la boutique et qui vous doivent de grosses sommes n'a voulu venir à votre secours?

— Aucun, ma fille, aucun, dit Poliveau en frappant du pied avec colère au souvenir des humiliations qu'il avait eu à supporter; l'un dormait encore et n'a pu me recevoir parce qu'il avait passé la nuit à faire la débauche; l'autre était au jeu de paume; l'autre au lever du roi... Ceux que j'ai trouvés chez eux m'ont répondu par des railleries ou des menaces... Celui-ci, qui a cent mille écus de rente, voulait m'emprunter vingt pistoles pour jouer, car, disait-il, il avait perdu la veille jusqu'au dernier sou. Celui-là a été plus loin:

il a osé lever la main sur moi, parce que je réclamais ce qui m'était dû... Je suis sorti furieux, exaspéré, et tu as pu voir comment j'étais disposé pour la noblesse lorsque je suis rentré à la boutique! Le comte de Manle et le petit marquis de Villenègre étaient là; ma foi, ils ont pâti pour tous les autres!

Ce nom de Villenègre parut rendre à l'esprit de Rosette toute sa vivacité.

— En effet, mon père, il me semble que vous êtes allé trop loin; car enfin des hommes de qualité, et...

— Oh! pour ce qui est du comte de Manle, je ne regrette pas ma brusquerie. Depuis longtemps je soupçonne que, malgré ses grands titres et son étalage, monsieur le comte est un chevalier de fortune.

— Comment, mon père, un personnage qui fréquente la cour?

— Enfant! dit le vieux marchand avec indulgence; pourvu qu'on porte un manteau brodé et une épée, pourvu qu'on ait le ton haut, l'air insolent, pourvu qu'on s'appelle d'un nom sonore, vrai ou faux, on peut entrer au Louvre et pénétrer jusqu'au cabinet du roi!... C'est un singulier temps que celui où nous vivons, ma fille; rien ne ressemble tant aux bons et fiers gentilshommes que les rusés coquins et les bravaches... les uns et les autres fréquentent les mêmes lieux, ils ont les mêmes costumes et presque les mêmes manières... Quant à ce comte de Manle, il passe parmi les gens comme il faut pour un habile homme et parmi nous autres bourgeois pour un grand coquin ; aussi je ne l'ai guère ménagé.

Rosette ne jugea pas à propos de raconter à son père l'histoire de la biche privée et les autres jongleries du personnage en question. Il eût fallu pour cela parler des révélations du pauvre Giles, qui, pour le moment, ne semblait pas en bonne position auprès de l'irascible vieillard. Elle reprit timidement :

— Et l'autre, mon père, ce jeune gentilhomme qui accompagnait le comte? Celui-là est certainement d'une famille illustre...

— Celui-là, répondit Poliveau en jetant un regard de côté sur sa fille, n'est encore que dupe en attendant peut-être qu'il devienne fripon... Ce n'est pas, comme tu le disais tout-à-l'heure, qu'il ne soit d'une bonne maison. Le duc et la duchesse de Villenègre, ses père et mère, avaient grand crédit à la cour, du temps du feu roi; mais ils sont devenus avares, et le jeune homme, qui aime les plaisirs, est obligé de contracter des dettes pour satisfaire ses goûts... D'un autre côté, il est en rapport, sans s'en douter, avec des escrocs et des aigrefins de qualité tels que le comte de Manle, peut-être; ils ne peuvent manquer de le mener loin... Je ne le crois pas encore dépravé, mais avec les amis qu'il s'est choisis, ses instincts honnêtes, s'il en a, ne peuvent résister longtemps; il finira par se souiller de toutes sortes de bassesses, d'infamies et de crimes, comme tant de nobles débauchés dont Paris est rempli.

— Ne le croyez pas, mon père ! s'écria Rosette avec chaleur ; le marquis de Villenègre repoussera les mauvais conseils... il est loyal, généreux, il ne commettra jamais ni bassesses, ni crimes !

Le bonhomme fronça le sourcil. Rosette s'apercevant que son zèle à défendre le jeune gentilhomme éveillait les soupçons de son père, se troubla et balbutia en se penchant sur son assiette :

— Du reste, je connais fort peu M. le marquis ; je ne sais... j'ignore...

— Vous le connaissez fort peu, Rosette, reprit le marchand d'un ton sévère, vous le connaissez mieux, je crois, qu'il ne conviendrait à une jeune fille modeste et sage ! je commence à m'expliquer ses assiduités chez moi et je ne me repens plus de l'avoir prié de cesser désormais ses visites... C'est ma faute, peut-être, continua-t-il d'un ton sombre, en poussant un profond soupir ; je laisse ma fille exposée aux impertinences de cette jeunesse corrompue, pendant que je suis absent pour relever mes affaires chancelantes ! Oui, peut-être ne faut-il accuser que moi !

Une larme se montra encore dans ses yeux. Cette fois, Rosette s'en aperçut; elle se leva de table, et, courant à lui les bras ouverts, elle s'écria en sanglotant :

— De grâce, mon excellent père, ne vous reprochez pas ce que vous appelez ma légèreté... je ne suis pas coupable !

— Coupable ! s'écria le vieux marchand dont ce mot réveilla la colère. Et qui oserait dire que la fille de Nicolas Poliveau est coupable, même d'un signe, d'un mot, d'une pensée blâmables ? Par Saint-Martin ! si cela était, je l'étoufferais dans mes bras ! oui, je jure Dieu que je la tuerais !

La voix formidable de Poliveau glaça de terreur les assistants. Guillaume resta le bras en l'air sans songer à porter à sa bouche le morceau qu'il tenait à la main. La servante laissa tomber à terre l'assiette d'étain qu'elle allait présenter au chef de la famille. Quant à Rosette, elle recula d'un pas en arrière et elle refoula dans son cœur un aveu qui peut-être était déjà sur ses lèvres.

Mais le bonhomme était aussi prompt à se calmer qu'à s'irriter. En voyant l'effet de son emportement, il se radoucit tout-à-coup,

— Viens m'embrasser, Rosette, et ne parlons plus de cela; seulement, continua-t-il d'un ton bref et péremptoire, après avoir déposé un baiser sur le front de la belle drapière, souviens-toi que je te défends de parler à ce marquis de Villenègre.... si, malgré mes ordres, il ose se présenter à la boutique en mon absence, les apprentis le recevront convenablement; quant à toi, monte à ta chambre, sans lui adresser un mot, dès que tu le verras paraître... Tu sais que je veux être obéi!

La jeune fille ne répondit rien et regagna sa place. Poliveau n'avait pas l'habitude de prendre avec elle ce ton d'autorité qu'il réservait pour ses apprentis ou ses inférieurs; mais depuis peu le dérangement de ses affaires avait apporté dans son humeur une irritabilité extraordinaire; la journée qui venait de s'écouler n'avait fait qu'augmenter cette fâcheuse disposition.

Le repas tirait à sa fin, lorsque la porte s'ouvrit; à la lueur d'une lampe que la servante venait de poser sur la table, car la nuit tombait rapidement, on vit entrer Giles Poinselot.

Une transformation complète avait eu lieu dans sa personne; celui qui l'eût vu quelques heures auparavant aunant du drap dans la boutique du patron, n'eût pu le reconnaître en ce moment. Il avait un chapeau à plume, un pourpoint et un haut-de-chausses vert foncé, avec des aiguillettes de satin bleu, des bottes à éperons dorés; un large baudrier noir soutenait sa rapière;

un manteau de même couleur que le pourpoint était jeté sur une de ses épaules. Avec ce costume, on pouvait le prendre pour un jeune gentilhomme se disposant à courir les rues incognito et à se donner un *plaisir de prince.*

Giles s'avança avec irrésolution vers son maître, le chapeau à la main; il allait parler lorsque l'orage éclata :

— Qu'est ceci? bon Dieu! s'écria Poliveau en reculant sa chaise comme s'il se fût trouvé en présence de quelque animal venimeux, d'où nous vient cette laide mascarade? Nous ne sommes pourtant pas en carnaval, que les apprentis des marchands drapiers se déguisent ainsi en seigneurs de la cour?

Giles s'attendait sans doute à cette bourrasque; il la supporta avec une grande patience.

— Bourgeois, excusez-moi, dit-il en baissant les yeux; mais ce costume m'est nécessaire dans une excursion que je compte faire cette nuit même...

— Cette nuit, répéta le marchand d'un ton railleur, et comment monsieur le cavalier peut-il me supposer assez fou pour le laisser passer toute la nuit hors de chez moi?

— Ainsi donc, s'écria le jeune homme avec joie, vous ne me chassez pas de votre maison, parce que...

Il s'arrêta et regarda Rosette et Guillaume avec reconnaissance.

— Te chasser, toi? s'écria Poliveau surpris; mais tu rêves! toi, un apprenti sage, rangé, honnête, n'ayant d'autre travers que de ne pas savoir se contenter de son état!... Non, non, Dieu me garde de me priver encore de ton appui, malgré tes sottes idées d'orgueil !

Cette bonté toucha vivement Giles Poinselot.

— Bourgeois, reprit-il avec émotion, je vois qu'on ne vous a rien dit de mes fautes... j'en remercie mademoiselle Rosette et ce pauvre Guillaume... mais je ne veux pas vous tromper, et vous allez juger si je suis encore digne de votre confiance. Cet habit que je porte aujourd'hui, je l'ai déjà porté plusieurs fois à votre insu ; j'ai voulu trancher du gentilhomme, j'ai hanté les brelans, j'ai joué... Je savais combien vous étiez sévère sur ce sujet, et depuis longtemps ma conscience m'ordonnait de vous faire ce pénible aveu!...

Le marchand réfléchit quelques secondes.

— Ce sont là assurément des fautes graves, dit-il d'un ton austère; si tu n'étais orphelin, si tu avais d'autres parents que mon ancien correspondant de Sedan, cet oncle avare qui t'a envoyé à Paris en te donnant quelques écus et une recommandation pour moi, j'aurais porté mes plaintes à ta famille... mais tu es seul au monde, tu n'as que moi pour ami, pour protecteur; aussi, en seras-tu quitte pour une semonce que je me propose de te faire en temps et lieu... Ainsi donc, ces escapades seront oubliées pourvu que tu me promettes de déchirer ce harnais, de te contenter désormais du costume qui convient à ta position.

— Serait-il possible? s'écria Giles avec reconnaissance; mon bon, mon excellent maître, vous me pardonnez ma faute? Oh! je vous le promets, je renonce à tout jamais à ces folles idées! Je vois bien maintenant que je dois désespérer de plaire par ce moyen à une personne... Mais, s'interrompit-il avec fermeté, votre bonté même m'excite à accomplir le projet que j'ai conçu... Permettez-moi de sortir cette nuit, demain je vous obéirai en tout ce que vous commanderez, je vous le jure.

— Où veux-tu donc aller à pareille heure?

—De grâce, ne m'interrogez pas...Peut-être cette nuit même aurai-je occasion de vous prouver toute ma gratitude pour vos bienfaits passés, pour votre indulgence présente.

— Voilà une plaisante aventure! dit le marchand avec aigreur; mon apprenti est vêtu en gentilhomme, et il parle en sorcier!

Il s'arrêta encore pour réfléchir. Giles, debout devant lui, attendait sa décision avec anxiété. Rosette et Guillaume osaient à peine respirer.

— Non, dit enfin Poliveau d'une voix ferme; je ne dois pas permettre que les anciennes règles de ma maison soient violées; c'est un mauvais signe quand les vieux usages sont mis en oubli, quand le maître souffre lui-même que la discipline de son foyer se relâche... Giles Poinselot, ou bien tu ne sortiras pas de ce soir, ou bien lorsque tu reviendras, si tu reviens, tu ne seras plus mon commensal et mon ami...

— Puisqu'il le faut, répliqua le jeune homme d'une voix triste, je supporterai cette terrible conséquence de mon opiniâtreté.

— Giles, mon cher Giles! lui dit Rosette avec intérêt, nous quitterez-vous donc ainsi pour un motif frivole peut-être?

— Compagnon, murmura le gros Guillaume en saisissant la main de Poinselot, est-ce bien vrai ce que tu dis là, que tu veux t'en aller? je ne veux pas, moi; tu sais que je suis le plus fort... oui, je te rosserai si tu t'en vas !

Le pauvre Giles fondit en larmes.

— Laissez-le aller, dit le maître avec un

accent d'amertume; c'est un ingrat qui cherche un prétexte pour m'abandonner, maintenant que la ruine me menace... Il sait l'état de marchand, il gagnera sa vie partout; il n'a plus besoin de moi... Qu'il parte! On dit que les rats fuient ainsi une maison lorsqu'elle est sur le point de crouler... Ne le retenez pas, vous dis-je; il lui tarde de nous quitter, car il craint sans doute les mauvais jours qui s'avancent!

— Ne m'accusez pas d'une pareille pensée, mon cher maître, s'écria le jeune homme avec chaleur, mon bonheur serait de vivre toujours auprès de vous, de partager vos joies et vos peines comme par le passé; mais pourquoi mettre à mon obéissance une condition que ma conscience me défend d'accepter? Ecoutez, je vous l'avouerai, c'est pour vous, c'est pour vous servir que je veux sortir à cette heure... Ne me demandez pas quel est mon projet, je l'ignore moi-même, mais j'ai la certitude qu'un grand malheur vous menace, et je veux l'empêcher à tout prix.

— Un malheur nous menace ? s'écria Rosette avec effroi.

Le jeune homme ne répondit pas, et il y eut encore un intervalle de silence.

Le chef de la famille semblait en proie à une grande incertitude.

— Eh bien ! reprit-il en s'adressant à l'apprenti, donne-moi seulement un prétexte plausible pour excuser ta sortie; donne-moi d'autres garanties que des insinuations vagues sur un malheur inconnu... tu dois avoir quelque motif puissant de réclamer cette permission avec tant d'instance de t'en demander compte et il m'appartient, puisque je suis pour toi comme un père !

Poinselot hésita un moment.

— Non, bourgeois, dit-il enfin avec embarras, mes raisons pour sortir à cette heure de la nuit vous paraîtraient peut-être frivoles; d'ailleurs je ne pourrais vous dire tout... Ayez confiance en moi; en sollicitant cette faveur je n'ai aucun but coupable.

— Allons, n'en parlons plus, interrompit sèchement Poliveau; Giles Poinselot, je vais vous conduire moi-même jusqu'à la porte de la rue, puis je prierai Dieu de veiller sur vous.

Puis, comme si ses dernières paroles

eussent ranimé en lui les sentiments religieux dont les marchands de Paris étaient alors profondément imbus, il reprit avec une espèce de solennité :

— Je ne veux pas que vous nous quittiez sans avoir accompli vos devoirs de chrétien... voici l'heure où d'ordinaire nous faisons la prière, avant de nous livrer au repos; joignez-vous à nous pour la dernière fois, et puisse cet acte de dévotion vous porter bonheur! Allons, continua-t-il en s'adressant aux autres personnes et en ôtant son chapeau, tout le monde à genoux... Rosette, dites la prière.

C'était l'usage de chaque soir chez le drapier de prier en commun à l'issue du souper; mais les idées de Rosette et des jeunes gens étaient si loin en ce moment de cette pratique journalière que le bonhomme eut besoin de répéter son ordre.

Il était déjà agenouillé sur le carreau, le visage tourné vers un vieux Christ de bois qui décorait le manteau de la cheminée. Sa fille, les apprentis, la servante elle-même s'empressèrent de l'imiter.

La nuit était close ; la salle était faiblement éclairée par le reflet vacillant d'une lampe et par la lueur de la flamme qui se jouait autour des tisons du foyer. Rosette récitait l'office du soir, mais elle ne se livrait pas à ce pieux exercice avec sa tranquillité d'esprit, sa ferveur accoutumées. Parfois la mémoire lui manquait tout-à-coup ; les paroles consacrées n'arrivaient à ses lèvres qu'indistinctes et inachevées. Les assistants répondaient aux passages ordinaires, et alors, à l'organe clair et musical de la jeune fille, succédait un murmure sourd où la voix grave du marchand, la voix chevrotante de la vieille servante se confondaient avec les voix sonores et bien timbrées des deux apprentis.

Il y avait dans cette scène religieuse une poésie simple, qui empruntait encore du charme à la pénombre de la salle, au calme de l'extérieur et au recueillement de la famille.

La prière s'acheva, on se leva en silence. Chacun se regarda comme si l'accomplissement de ce devoir eût dû apporter quelque changement dans les dispositions antérieures des divers personnages. Poliveau se tourna vers Giles Poinselot :

— Eh bien ? demanda-t-il avec douceur.

Le jeune homme attacha brusquement son manteau sur ses épaules.

— Je vous suis, murmura-t-il d'une voix étouffée.

— Partons donc, dit Poliveau en soupirant.

Il saisit la lampe qui était sur la table. Rosette, voyant que décidément Giles allait partir, crut devoir faire encore quelque tentative pour le retenir. Elle avait pour lui l'estime et l'affection que méritaient ses bonnes qualités ; d'ailleurs quoiqu'il ne lui eût jamais dit un mot d'amour, elle savait tout son pouvoir sur lui. Quelle femme peut se tromper sur les sentiments secrets dont elle est l'objet?

— Giles, dit-elle les larmes aux yeux, au nom de la sainte Vierge, réfléchissez à ce que vous allez faire ! Vous n'avez ni famille, ni appui dans Paris ; vous vous exposez par votre propre faute à tous les dangers, à tous les hasards d'une vie indépendante; je vous en prie, renoncez à votre folle résolution... Si ce n'est pour vous que ce soit pour mon père, qui a tant besoin de vos services, pour moi... qui vous aime comme un frère.

— Rosette, dit l'apprenti en sanglotant, ne parlez pas ainsi, car je resterais et peut-être en résulterait-il des maux irrémédiables... J'ai déjà trop attendu.

— Laisse-le donc ! reprit Poliveau avec impatience, ne vois-tu pas que c'est un ingrat !

Pendant ce temps, l'Ebouriffé se livrait à une douleur qui tenait du désespoir :

— C'est donc bien vrai ? Tu veux partir ? s'écria-t-il avec colère. Bourgeois, ne le laissez pas aller... que deviendra la boutique quand Giles ne sera plus là ? Je ne serai plus bon à rien, moi... Tenez, bourgeois, voulez-vous que je le prenne et que je le monte dans la chambre ? ce sera fait en deux tours de main... Je ne veux pas qu'il parte !

Et malgré ces menaces, la voix du pauvre Guillaume s'éteignit dans les larmes. Tous les spectateurs partageaient cette émotion; Rosette se cachait le visage dans son tablier; la servante elle-même poussait des gémissements étouffés.

Giles se hâta de mettre fin à cette scène car elle affaiblissait son courage.

— Je ne serai pas longtemps absent, reprit-il avec effort, si mes prévisions se trouvent fondées. Mais le temps presse... Adieu, demoiselle, peut-être plus tard me saurez-vous gré vous-même de mon sacrifice... Adieu, mon pauvre ami Guillaume, nous nous reverrons bientôt... Adieu aussi, ma bonne vieille Geneviève... J'étais l'enfant de cette maison ; tous ceux qui l'habitent m'étaient chers comme des parents et des amis... Et vous, mon excellent maître, mon bienfaiteur, ne vous hâtez pas de m'accuser ; dans quelques heures peut-être vous apprendrez combien vous vous êtes trompé à mon égard...

— J'en attendrai la preuve, dit le bourgeois avec fermeté en s'avançant vers la porte, sa lampe à la main.

Giles fit un dernier geste d'adieu, et suivit Poliveau sur l'escalier criard qui conduisait à la boutique. Les autres écoutèrent, en retenant leur souffle, le bruit des pas qui s'éloignaient ; peut-être espéraient-ils encore que l'apprenti changerait de résolution. Mais bientôt on entendit le grincement des clés dans les serrures ; puis une porte se referma bruyamment ; il était parti.

Quelques minutes après, Poliveau reparut dans la salle; il était fort pâle; son visage portait les traces de la violence qu'il avait dû faire à ses sentiments. Voyant les femmes tout en pleurs et Guillaume le front appuyé sur sa main dans l'attitude du désespoir, il dit d'une voix brève :

— Allons! qu'on soit calme et qu'on ne parle plus de tout ceci... Ce coureur de nuit ne mérite pas vos regrets et vos larmes.... c'était un fat, un vaniteux qui tôt ou tard eût tourné mal!

Mais en dépit de ces injures inspirées par la colère, il resta pensif pendant quelques minutes.

— Vous voilà tout bouleversés, reprit-il enfin avec impatience; pour moi je ne songe déjà plus à cet enfant prodigue.. Mais il est tard, et parce qu'un faquin d'apprenti nous a quittés ce soir, nous ne devons pas oublier que l'heure est venue d'aller dormir. Il faut qu'on se lève demain matin de bonne heure... Maintenant que nous sommes privés des services de ce vagabond, nous ne manquerons pas de besogne... Geneviève, donnez-nous des lumières... Embrasse-moi, Rosette, et que Dieu t'accorde une bonne nuit!

En même temps il déposa un baiser sur le front de sa fille; chacun prit sa lampe, et on se sépara quoique l'heure fût encore peu avancée.

L'ESCALADE.

V.

La chambre de Rosette était au premier étage, à côté de la salle commune; son unique fenêtre, décorée d'un modeste balcon de bois s'ouvrait sur la rue, un peu au-dessus du vieil auvent dont nous avons parlé.

Cette chambre avait un aspect triste, avec ses lourdes tapisseries, son lit à ciel garni de rideaux de serge verte, ses armoires de chêne, sa madone de cire posée sur la cheminée, et son imperceptible miroir. On n'y voyait aucune de ces petites choses qui, de nos jours, déceleraient la présence d'une jeune fille riche; tout y était grave, simple, presqu'austère et celle qui l'occupait ne s'y arrêtait que le temps rigoureux de prendre du repos.

Rosette s'empressa de congédier la vieille Geneviève sans accepter ses services accoutumés; puis, quand la servante eut prononcé son dernier *bonsoir*, quand le bruit de sa marche se fut éteint dans le silence de la maison, elle courut fermer la porte à clé, et, se jetant dans un grand fauteuil qui était près de son lit, elle respira bruyamment.

Sans doute les fatigues, les émotions, les angoisses de la journée lui rendaient bien précieux ce moment de solitude; mais bientôt elle se redressa par un mouvement fébrile et elle tira de sa poche le billet de Villenègre.

Il était ouvert, ce qui faisait supposer que déjà pendant le jour Rosette avait trouvé moyen d'y jeter un coup-d'œil; cependant elle le tournait et le retournait entre ses doigts d'un air d'incertitude. Enfin elle s'approcha de la lampe et elle le lut avec une profonde attention.

Cette lettre, écrite dans le style ampoulé

du temps, était néamoins tendre et respectueuse. Le marquis ne sollicitait qu'un mot de réponse ; il annonçait qu'il serait au comble de ses vœux « si l'adorable Rosette laissait tomber un regard de pitié sur son pauvre esclave. » Ce langage, qui contrastait avec le ton audacieux et tranchant des galants ordinaires, était précisément celui qui pouvait faire le plus d'impression sur une jeune fille sage, mais un peu vaine.

Aussi la belle drapière parcourait-elle avec un charme infini ces lignes où elle croyait voir se peindre une âme candide comme la sienne. En ce moment tous les événements de la journée s'effaçaient de sa mémoire ; elle ne songeait plus à la ruine qui menaçait son père, au départ mystérieux de Giles, à la défense qui lui avait été faite de revoir jamais le marquis ; elle était absorbée toute entière par cette première lettre d'amour.

Néanmoins la réflexion changea en amertume le charme de cette occupation ; la tête de Rosette se pencha sur sa poitrine ; la lettre lui échappa des mains sans qu'elle songeât à la ramasser, et deux larmes silencieuses coulèrent le long de ses joues.

— Oh ! oui, murmura-t-elle enfin d'une voix entrecoupée en s'appuyant le front contre son lit, mon père a raison ; c'est folie à une pauvre fille comme moi de porter ses vues si haut... Que suis-je auprès de lui ? notre noblesse récente et douteuse n'a encore été qu'un objet de moquerie pour nos voisins !... Il est jeune, beau, riche, aimable; il sera duc un jour, il aura des carrosses, des châteaux, des hôtels, et moi... oh! mon Dieu! mon Dieu!

Elle vint se prosterner devant la madone de cire toute couverte d'oripeaux et de clinquant dont la cheminée était ornée, et lui adressa une courte prière. Puis elle s'avança pour fermer la fenetre, restée ouverte derrière le rideau, à cause de la chaleur de la saison.

Il était en ce moment onze heures du soir environ; le plus profond silence régnait dans le quartier. Toutes les lumières s'étaient éteintes depuis longtemps, et la rue étroite de la Tixéranderie était plongée dans une obscurité complète. Néanmoins, au moment où la belle drapière allait fermer sa fenêtre, il lui sembla entendre un léger bruit à l'extérieur, au-dessous du balcon.

Elle s'arrêta effrayée et prêta l'oreille; le bruit était si faible qu'elle crut s'être trompée.

Tout-à-fait rassurée, elle levait déjà la main pour ramener devant la fenêtre l'épais rideau de serge, lorsque les deux battans vitrés s'ouvrirent doucement; un homme enveloppé d'un manteau se montra debout sur le balcon.

Rosette recula pâle, muette, terrifiée comme en présence d'un spectre; tout son sang se glaça dans ses veines. Cependant la présence d'esprit lui revint aussitôt; persuadée qu'un voleur seul pouvait s'introduire ainsi dans la maison, elle allait appeler du secours, lorsque l'inconnu s'élança lestement dans la chambre et jeta son manteau en murmurant d'une voix étouffée :

— Grâce, grâce, mademoiselle !... mais je n'avais pas d'autre moyen d'arriver jusqu'à vous !

C'était le jeune marquis, Henri de Villenègre.

Rosette, en le reconnaissant, ne parut ni moins surprise ni moins effrayée qu'auparavant; son secret penchant pour le marquis ne diminua en rien l'indignation que lui inspirait l'effronterie de cette démarche. Elle s'enfuit d'un pas léger à l'autre extrémité de la chambre et elle dit avec autorité :

— N'avancez pas, monsieur, ne faites pas un mouvement pour approcher de moi ou j'appelle mon père qui est dans la chambre voisine... Votre conduite est infâme, indigne d'un gentilhomme!

La contenance du jeune Villenègre n'était pas de nature à justifier entièrement cette terreur. Il restait immobile, les yeux baissés, tremblant. On eût dit d'un écolier surpris en flagrant délit d'escapade par un maître sévère, tant il était gauche et embarrassée.

— Mademoiselle, balbutia-t-il, je n'ai d'excuse, je l'avoue, que dans le violent amour...

— Partez, monsieur, partez tout de suite! reprit Rosette avec agitation, ne voyez-vous pas que votre présence dans ma chambre, à cette heure de nuit, peut me déshonorer, me perdre?... Partez à l'instant, et je pourrai croire encore, pour votre propre honneur, que vous avez écouté, en venant ici, de méchants conseils...

— Oh! cela est vrai, s'écria le jeune homme avec véhémence; on m'avait trompé, on m'avait fasciné... Je vais partir, je pars... Mais de grâce, mademoiselle, laissez-moi espérer que vous ne me haïrez pas pour avoir osé m'introduire ici !

Cette soumission, ce repentir étaient bien de nature à désarmer la colère de Rosette; aussi dit-elle avec moins de sévérité :

— Je ne veux, je ne dois rien promettre... Dans l'aveu que vous venez de faire, je reconnais la justesse des craintes que j'ai entendu exprimer aujourd'hui à votre sujet... Défiez-vous du comte de Manle, c'est un misérable qui vous perdra, si vous suivez ses avis... Mais on peut nous surprendre... Au nom de Dieu, hâtez-vous de partir, et peut-être conserverai-je encore quelque estime pour vous !

Villenègre jeta un regard en arrière ; mais, soit qu'il craignît les railleries de ceux qui l'avaient poussé à cette téméraire escalade, soit qu'il ne voulût pas s'éloigner sans avoir obtenu de la belle drapière un mot favorable ; il n'avança ni ne recula.

— Mademoiselle, dit-il avec un peu plus d'assurance, ne vous effrayez pas ainsi : une échelle est appliquée à la muraille, et ce pauvre comte dont vous avez si mauvaise opinion, veille dans la rue avec quelques domestiques fidèles... en un instant je puis les rejoindre sans danger pour vous et pour moi. Laissez-moi donc vous dire enfin..

— Rien, rien, je ne dois pas vous entendre. Mon Dieu! était-ce là ce que je devais attendre après votre lettre si timide et si respectueuse? Je vous croyais bon, loyal, généreux...

— Eh bien! Rosette, dites-moi seulement que vous ne me haïssez pas, et je pars à l'instant....

— Pourquoi me mettre ainsi peut-être dans l'obligation de mentir? Partez sans conditions.

— Je reste donc, dit le marquis avec résolution en s'asseyant dans un fauteuil.

Rosette n'avait pas compté sur une détermination aussi hardie.

— Que faire? que faire, mon Dieu? murmura-t-elle ; il est sans pitié... Eh bien ! je vais appeler au secours, éveiller les gens de la maison...

— Qu'importe ! dit Henri.

— Mon père va venir, il est violent... il il vous tuera.

— Ou il me forcera à vous épouser, c'est tout ce que je demande.

— M'épouser, vous, monsieur le marquis? demanda Rosette avec une douceur involontaire.

— Pourquoi non ? je vous aime.

— Mais votre père, votre mère?

— On leur fera entendre raison ; d'ailleurs je serai maître un jour....

— Mais votre fortune, votre rang...

— En vous voyant on excusera tout.

Rosette réfléchit quelques instans.

— Cette détermination est insensée, reprit-elle avec émotion ; la distance entre vous et moi est trop grande pour qu'elle puisse jamais être franchie... Allez, monsieur de Villenègre, votre obstination à rester ici n'aurait d'autre résultat que de compromettre mon honneur ! Partez, encore une fois, partez, je vous en supplie, au nom de tout ce qu'il y a de plus sacré !

Henri de Villenègre fut ébranlé par la solennité de cette adjuration ; il se leva.

— Dites-moi donc que vous m'aimez ! murmura-t-il avec chaleur.

Rosette allait répondre, peut-être l'aveu tant désiré allait-il sortir de sa bouche. Tout-à-coup des cris perçants s'élevèrent du dehors.

Les deux jeunes gens écoutèrent. Le bruit partait de l'extrémité de la rue et l'on criait avec force :

— Alarme! alarme! au meurtre! au voleur !

De semblables événements étaient assez fréquents pendant la nuit à cette époque; mais plusieurs circonstances frappèrent la jeune fille. D'abord celui qui donnait l'alarme semblait être aux prises avec plusieurs agresseurs, car la voix était saccadée et le bruit d'une lutte entre plusieurs personnes se faisait entendre distinctement; de plus, elle crut reconnaître le son de voix de Giles Poinselot.

— Mon Dieu! murmura-t-elle en pâlissant tandis que la terreur la clouait à sa place, que se passe-t-il donc?

— Ce n'est rien, répondit le marquis avec indifférence, quelque bourgeois qui fait le récalcitrant avec les compagnons de la Matte, et refuse de leur livrer sa bourse !

— Mais on assassine un homme ! répliqua la jeune fille ; ces cris s'affaiblissent et ressemblent à des gémissemens... Par humanité, monsieur, allez au secours de ce malheureux !

— Je vais voir ! dit Villenègre en s'avançant vers le balcon.

Un bruit nouveau se fit entendre à une courte distance ; c'était le fracas de plusieurs chevaux lancés au galop sur le pavé, puis un cliquetis d'armes et un murmure de voix. Cette fois le marquis lui-même manifesta des inquiétudes.

— Peste soit du maraud ! murmura-t-il ; ses cris ont attiré le guet ! Nous sommes perdus si les soldats aperçoivent l'échelle et ceux qui la gardent....

Rosette n'eut pas la force de pousser un cri ; un violent effort de volonté put seul l'empêcher de s'évanouir. Son cœur battait à peine ; sa respiration s'arrêtait à mesure que le piétinement des chevaux se rapprochait de la maison.

— La lampe ! la lampe ! dit Villenègre en faisant signe à Rosette que la lumière pouvait les trahir.

La jeune fille saisit convulsivement la lampe ; par un sentiment de pudeur qui survivait à l'anéantissement de toutes ses facultés, elle ne voulut pas l'éteindre, mais elle s'empressa de la cacher derrière un rideau, afin que le reflet de la lumière sur les vitres de la fenêtre n'attirât pas l'attention des soldats du guet.

Il y eut pendant quelques instans un grand mouvement autour de la maison; on eût dit d'une sorte d'escarmouche sous les fenêtres, car on distinguait les cliquetis des épées; puis des pas précipités résonnèrent dans diverses directions, et le galop des chevaux annonça que les soldats se mettaient à la poursuite des fuyards. Enfin le bruit s'éteignit tout-à-fait; le quartier redevint calme et silencieux.

— Ils sont partis! dit le marquis après un moment d'attente, et ils n'ont sans doute rien découvert... Dieu m'en est témoin, dans ce danger je n'ai tremblé que pour vous!

— Ils peuvent revenir ! reprit la jeune fille avec une agitation fiévreuse ; profitez de ce moment pour fuir... Le bruit de cette alarme a sans doute éveillé mon père ; malheur à vous et à moi s'il vous rencontrait ici !

— Je pars, Rosette ; mais du moins ne me direz-vous pas...

— Je vous dirai que chacune de vos paroles en ce moment est une lâcheté ! interrompit la jeune bourgeoise hors d'elle-même ; votre coupable folie a déjà causé peut-être la mort de plusieurs personnes... Cela ne vous suffit-il pas, monsieur le marquis ?

Villenègre n'osa plus résister à cette colère légitime.

— Si j'ai commis une faute je la réparerai en gentilhomme, dit-il avec l'accent du repentir ; je vous obéis, mademoiselle, et j'espère que vous ne l'oublierez pas..... Adieu.

— Adieu ! adieu ! murmura-t-elle.

Villenègre s'enveloppa dans son manteau et s'élança légèrement sur la fenêtre. La fille de Poliveau le suivit des yeux avec anxiété; quand il eut disparu elle se crut sauvée ; mais presque au même instant le marquis écarta de nouveau le rideau de serge et montra son visage consterné.

— L'échelle n'est plus à sa place, dit-il, les gens du guet ou mes propres amis l'ont sans doute emportée avec eux,

Toutes les angoisses de la belle drapière revinrent aussitôt.

— Je suis perdue! s'écria-t-elle en sanglotant; Dieu m'a maudite, parce que j'ai été trop vaine. Je ne dois plus attendre ni repos ni pitié !

Cétte douleur, dont il était la seule cause, fit une grande impression sur le jeune gentilhomme.

— De grâce, mademoiselle, ne vous tourmentez pas ainsi, reprit-il ; le comte de Manle et ses compagnons savent dans quelle situation je me trouve; sans doute ils ne vont pas tarder à revenir... Je crois même avoir entendu un léger chuchotement au-dessous de la fenêtre, lorsque je me suis mis au balcon ; et si je n'avais craint d'éveiller en appelant les gens de la maison... eh bien, continua-t-il avec résolution en voyant que les larmes de Rosette ne cessaient de couler, je suis fort et agile... pour sauver l'honneur d'une femme que j'aime, je puis bien risquer un saut de vingt-cinq pieds....

En même temps il se mettait en devoir d'accomplir ce projet désespéré, mais Rosette courut à lui et le retint par le bras.

— Je ne le veux pas, je vous le défends! dit-elle avec effroi. Y pensez-vous, monsieur le marquis? vous vous tueriez! J'aimerais mieux attendre un peu, si toutefois vos indignes complices n'ont pas eu le désir de nous jouer quelque tour infâme.

Cette dernière supposition, que Villenègre savait être fort vraisemblable, excita au plus haut point son indignation.

— Si de Manle avait eu cette pensée,

murmura-t-il avec rage, si, en me poussant à cette démarche, il n'avait fait de moi qu'un instrument de ses rancunes contre votre maison, je jure qu'il paierait cher cette audacieuse intrigue! Et cependant il serait possible.... Oui, j'y songe ; il me parlait avec trop de chaleur pour n'avoir pas un intérêt personnel dans le service qu'il voulait me rendre! Il faut que je parte, car je soupçonne une trahison.... Mademoiselle, pouvez-vous me fournir quelque étoffe que j'assujétirais à ce balcon? je me glisserais ainsi jusqu'à terre sans danger...

— C'est une inspiration du ciel ! dit la jeune fille en courant à une armoire d'où elle retira du linge en abondance.

En quelques minutes, ils eurent ajusté

bout à bout, plusieurs draps de forte toile. Ils travaillaient en silence et avec ardeur; ils allaient attacher à la fenêtre cette échelle de nouvelle espèce, lorsque le bruit de la cavalerie se rapprocha de la maison pour la seconde fois. Sans doute l'alarme récente donnée dans le quartier ramenait le guet de ce côté; le projet de fuite par le balcon devenait donc impossible pour le moment.

Cependant Rosette et le marquis espéraient encore que les soldats passeraient sans s'arrêter; mais la voix forte de Poliveau retentit tout-à-coup dans une pièce voisine.

— Holà! Guillaume! Giles! criait-il, oubliant que l'un de ses deux apprentis ne pouvait répondre à son appel, descen-

dez vite ! Des voleurs ont forcé la boutique !
au voleur ! au secours !

Aussitôt il y eut un grand tumulte au rez-de-chaussée : la porte de la boutique s'ouvrit, plusieurs personnes se mirent à courir dans la rue. Les soldats du guet, voyant des individus suspects sortir d'une maison et fuir à toutes jambes, s'élancèrent à leur poursuite avec d'autant plus d'ardeur que la voix déjà entendue par Rosette à la première alarme, criait d'un ton faible :

— Ce sont eux ! sus, sus, messieurs de la prévôté ! ce sont les malfaiteurs que je vous ai signalés !

Pendant ce désordre à l'intérieur et à l'extérieur, Rosette tremblait, perdait la tête; mais le marquis montra une présence d'esprit dont la jeune fille était incapable.

— On va visiter la maison et je ne veux pas qu'on me trouve ici, dit-il rapidement; la porte de la boutique est encore ouverte, je puis m'échapper à la faveur de l'obscurité... Une fois hors de cette maison, je défie ces pesants cavaliers de me suivre dans les rues sombres et étroites de ce quartier.... Mais je ne connais pas les êtres du logis et j'ai besoin de quelques indications....

— Vous traverserez la salle à manger, répondit Rosette qui pouvait à peine parler, vous descendrez l'escalier et vous n'aurez plus qu'à traverser la boutique...

— C'est bien.

Et il ouvrit la porte de la chambre.

— Mais, monsieur le marquis, balbutia-t-elle au moment où il allait partir, vous n'y songez pas ! on va vous confondre peut-être avec les misérables qui ont volé mon père...

Sans répondre, le marquis s'élança dans l'obscurité de la salle, et bientôt des pas mal assurés ébranlèrent l'escalier qui conduisait à la boutique. Un moment Rosette le crut sauvé, car les cavaliers qui poursuivaient les fuyards dans la rue avaient négligé de garder la porte ; son espoir ne fut pas de longue durée. La voix qui déjà l'avait frappée et qu'elle reconnut clairement cette fois pour celle de Giles Poinselot se fit entendre au-dessous d'elle :

—A l'aide ! messieurs du guet ! s'écriait-il, voici un de ces coquins... Accourez ou il va m'échapper!

Des soldats mirent pied à terre et se précipitèrent dans la boutique; une lutte suivit et dura quelques instants, comme si l'on eût fait une défense désespérée.

Tout cela se passait au milieu d'une profonde obscurité, et les gens du guet demandaient de la lumière à grands cris. Enfin Poliveau sortit à demi-vêtu de sa chambre, tenant d'une main sa lampe, qu'il était parvenu à rallumer, de l'autre une vieille pique, la seule arme offensive qu'il possédât, et il descendit rapidement au rez-de-chaussée.

LE DÉVOUMENT.

VI.

Rosette était anéantie; ses angoisses sans cesse renaissantes, avaient épuisé ses forces. Cependant, lorsqu'elle distingua au milieu du bruit, la voix fière et hautaine du marquis, lorsqu'elle entendit les cris déchirants de son père, elle ne put résister au désir de s'assurer par elle-même de la réalité des malheurs qu'elle prévoyait. Toute tremblante elle se dirigea vers l'escalier, et, du haut des degrés, un spectacle étrange frappa ses regards.

Le plus grand désordre régnait dans la boutique ; les tables étaient renversées, des marchandises, des pièces de drap jonchaient le plancher. La faible lueur d'une lampe éclairait divers groupes. Giles Poinselot, l'ex-apprenti, était assis sur un fauteuil, pâle, les habits déchirés, sans perruque et sans chapeau ; son pourpoint entr'ouvert laissait voir sur sa poitrine un linge taché de sang, comme s'il eût reçu une blessure récente. En face de lui se tenait un personnage vêtu de noir, en rabat et en petit manteau; Rosette reconnut aussitôt maître Defunctis, le lieutenant-criminel de robe courte, alors célèbre par ses exploits contre les malfaiteurs dont Paris était infesté. Il interrogeait le blessé, à qui chaque réponse semblait coûter une atroce souffrance.

Au pied de l'escalier, à l'entrée du petit cabinet servant de caisse, Poliveau s'abandonnait au désespoir devant ses coffres forcés; les dix mille écus qu'il avait complétés le matin venaient d'être enlevés. A l'autre extrémité, du côté de la porte, le marquis de Villenègre, les vêtements en lambeaux, les mains liées, était debout entre deux soldats, et conservait cet air dédaigneux qui lui était habituel. Les cavaliers du guet, avec leurs cuirasses et leurs casques d'acier bruni, encombraient la porte; dans l'ombre de la rue leurs pesants chevaux piaffaient avec impatience.

Rosette s'appuya contre la rampe de l'escalier pour ne pas tomber; elle sentait ses jambes fléchir. Cependant elle ne comprenait pas bien encore ce dont il s'agissait, et elle écouta machinalement la déposition de Giles Poinselot.

— Par des motifs qu'il est inutile de rappeler, disait le blessé, je soupçonnais deux gentilshommes, venus aujourd'hui à la boutique, de méditer quelque fâcheuse entreprise contre mon bourgeois.....

— Faites connaître ces motifs, interrompit le magistrat ; vous ne devez rien cacher à la justice.

— Eh bien, reprit Giles avec embarras, je savais que l'un d'eux, qui se fait appeler le comte de Manle, était un homme taré, perdu de dettes et de débauches, une espèce de chevalier d'industrie, vivant de jeu et d'escroquerie... Aujourd'hui lorsqu'on a apporté une forte somme d'argent à mon maître en sa présence, il observait attentivement où on la plaçait, il examinait les localités comme s'il eût cherché les moyens de pénétrer dans la boutique; cela m'a donné des soupçons... Quant à son compagnon....

En ce moment, les yeux du blessé se levèrent par hasard sur Rosette; il s'arrêta tout-à-coup.

—Eh bien! demanda le lieutenant-criminel, avez-vous observé que cet autre gentilhomme se soit livré au même examen?

— Non, dit enfin Poinselot avec effort: je le croyais de trop haute naissance pour s'associer à des voleurs, comme sa présence ici prouve qu'il l'a fait.

Le marquis de Villenègre haussa les épaules.

— Continuez, dit Defunctis.

— Ce que j'avais vu, reprit l'apprenti, me faisait désirer d'éclairer les démarches de ces deux personnages... je savais où je pouvais les retrouver et j'avais hâte de m'assurer qu'ils ne méditaient rien contre mon bourgeois, maître Poliveau, ou contre quelqu'un de sa famille. Ce soir, donc, après l'ouvrage, je me suis habillé décemment, et j'ai demandé à sortir; on m'a refusé d'abord, si bien que j'ai été obligé d'exiger mon congé. Je suis allé bien vite à la taverne où je comptais rencontrer les deux gentilshommes. Ils y étaient en effet; mais au lieu de jouer et de boire comme à l'ordinaire, ils chuchotaient d'un air de mystère. Sans être aperçu, je me suis approché d'eux et je les ai observés avec beaucoup d'attention. J'ai vu bientôt arriver les laquais du prétendu comte de Manle, vêtus en bourgeois comme lui, et ils se sont mêlés à leur conversation... Cette circonstance m'a donné à penser. Comment les gens d'un seigneur si orgueilleux avaient-ils quitté leurs livrées et paraissaient-ils causer familièrement avec lui? Dès que la nuit fut sombre, ils sortirent tous; les deux gentilshommes ensemble, les autres à quelques pas derrière eux; je les suivis. Ils prirent des rues désertes, détournées; je les perdis de vue pendant quelques instants. Cependant, ne doutant plus qu'ils ne dussent diriger quelque entreprise contre la maison de mon patron, je me dirigeai en toute hâte de ce côté.

» En tournant l'angle de la rue, à quelques pas d'ici, je fus accosté par deux hommes enveloppés de manteaux et qui semblaient faire le guet. Je les reconnus pour le secrétaire et le valet de chambre du comte; ils me prièrent assez civilement d'abord de prendre un autre chemin parce qu'un cavalier de leur société était en partie galante de ce côté. Je n'avais garde de retourner sur mes pas;

mais lorsque j'aperçus une échelle appliquée à la muraille de la maison, et plusieurs individus immobiles sous l'auvent, je n'hésitai plus à pousser des cris d'alarme. Les coquins, se jetant sur moi, cherchèrent à m'empêcher de crier. Je mis l'épée à la main et je me battis contre eux en appelant du secours; un de ceux qui étaient sous l'auvent, et que je reconnus pour le comte de Manle, s'approchant vivement me porta un coup d'épée dans la poitrine... Je tombai sans connaissance.... le guet est arrivé en ce moment, et voyant que je donnais quelque signe de vie, on m'a transporté chez vous, monsieur le lieutenant .. Je vous remercie des secours que vous m'avez prodigués, vous voyez combien ils ont été efficaces ! En revenant à moi, j'ai appris qu'on n'avait arrêté aucun des malfaiteurs ; je vous ai prié d'envoyer le guet de ce côté encore une fois, de peur que les larrons de nuit ne fussent revenus à la charge, et j'ai voulu moi-même vous accompagner, malgré ma faiblesse, pour diriger vos recherches... Mes prévisions ne m'avaient pas trompé ; l'arrivée de la force publique a mis en fuite les scélérats.

Après ce long récit qui expliquait si clairement tous les événements de la nuit, le blessé laissa tomber sa tête en arrière d'un air accablé ; ses yeux se fermèrent à demi. Le magistrat ne voulut pas le presser de questions en ce moment, et se tournant vers le marquis de Villenègre, il fit signe à ceux qui le gardaient de lui permettre d'approcher.

— Monsieur le marquis, dit-il avec gravité, vous avez entendu la déclaration de cet apprenti; niez-vous, en ce qui vous concerne, qu'elle ne soit véritable?

— Je ne nie et je n'affirme rien, reprit le prisonnier d'un ton hautain; mais sachez-le bien, monsieur le lieutenant-criminel, vous aurez à payer cher votre insolence d'aujourd'hui envers un jeune gentilhomme qui a eu la fantaisie de se divertir aux dépens d'un vieux bourgeois...... Chavagnac, Clermont, une foule d'autres qui appartiennent à la cour, ont bien fait d'autres folies sans que le guet et les officiers du prévôt s'en soient mêlés! ma famille est puissante... vous verrez ce qu'il vous reviendra d'avoir traité comme un vil coquin le fils du duc de Villenègre!

Defunctis ne parut pas très-encouragé par l'air d'assurance du prisonnier. Plus d'un magistrat avait été désavoué et puni à cette époque, pour avoir fait son devoir à l'encontre de certains jeunes seigneurs turbulents qui se croyaient tout permis. Cependant il dissimula ses inquiétudes.

— Je rendrai compte à qui de droit de ma conduite, dit-il avec dignité ; personne n'est au-dessus des lois... Ne cherchez donc pas d'excuse, monsieur de Villenègre, et n'affectez pas une insolence qui ne convient à personne devant la justice ! Il ne s'agit pas cette fois d'un petit tapage nocturne dans une maison de jeu, d'un manteau enlevé ou de quelqu'autre escapade de ce genre : une boutique a été forcée, un vol de dix mille écus a été commis, un apprenti a été blessé, peut-être mortellement, et vous que l'on prend en quelque sorte sur le fait, vous croyez en être quitte en déclarant le nom illustre de votre famille? Non, non, monsieur le marquis : si vous êtes coupable, il faudra que la justice ait son cours... Cependant, ajouta-t-il plus bas par forme de correctif, je serais heureux de vous trouver innocent... j'ai l'honneur de connaître monsieur le duc votre père, que cet événement va plonger dans l'affliction !

Pendant cet interrogatoire, Poliveau allait et venait dans la boutique avec désespoir.

— Oh! mon Dieu! mon Dieu! disait-il en se cachant le visage, était-il besoin de ce dernier et terrible coup ? Je suis perdu, déshonoré, ruiné ! Et ma fille que va-t-elle devenir ?

Ces plaintes touchantes frappaient les oreilles de Rosette, mais elles n'arrivaient pas jusqu'à son cœur. Toutes ses pensées étaient pour ce jeune gentilhomme, qui d'un mot pouvait la perdre et se justifier.

— Monsieur le marquis, reprit le magistrat d'un ton insinuant, il me répugne de croire qu'un jeune homme d'aussi grande naissance que vous êtes se soit rendu coupable ou complice d'un crime aussi bas; votre présence ici ne pourrait-elle être attribuée à un autre motif ? Donnez-moi quelques explications plausibles.... à moi seul... et je vous rendrai immédiatement votre liberté.

— Eh ! quel autre motif que celui de

me voler mon argent pouvait l'appeler chez moi ? s'écria le vieux marchand avec une recrudescence de colère et de douleur. Mais que fait-on ici ? interrompit-il d'un ton farouche ; cet homme est coupable, qu'on l'enmène en prison ! C'est un misérable qui m'a ruiné ; je me porte partie contre lui... Cela ne suffit-il pas? Ami Defunctis, vous n'êtes pas si lent d'ordinaire à remplir votre devoir !

Malgré ces énergiques exhortations, le lieutenant criminel semblait avoir des doutes sur la culpabilité du jeune Villenègre ; peut-être n'était-il pas fâché, d'un autre côté, de paraître avoir la main forcée.

— Silence, Poliveau, dit-il gravement ; nous ne devons pas nous souvenir de nos relations amicales au bureau de la ville tant que je suis dans l'exercice de mes fonctions... et vous, monsieur, continua-t-il en s'adressant à Villenègre, songez que la chambre criminelle pourra être moins bien disposée que moi à vous trouver innocent si votre cause arrive jusqu'à elle... Parlez; étiez-vous complice de ceux qui ont commis le vol?

Le marquis ne répondit pas; Rosette avait descendu lentement l'escalier et s'était placée en face de lui, dans l'ombre.

— Giles Poinselot, demanda le magistrat au blessé, qui avait repris un peu de force, ne m'avez-vous pas dit dans votre interrogatoire que maître Poliveau avait une très-belle fille dont un de ces gentilshommes était amoureux?

Tous les regards se tournèrent sur l'apprenti.

— Ne m'interrogez pas... Je ne sais... j'ignore...

Mais Defunctis avait vu son hésitation et sa répugnance à s'expliquer sur ce sujet; ce fut une raison pour lui d'insister davantage.

— Jeune homme, reprit-il avec plus de force, ne me cachez rien; cette affaire est de la plus haute gravité.... Si vous savez quelque chose de particulier sur le marquis de Villenègre, je vous adjure de le dire au nom de Dieu et de votre conscience, au nom de la justice et de la vérité, afin d'éviter peut-être de plus grands malheurs !

— Eh bien ! répondit le blessé d'une voix basse et étouffée, j'ai la certitude que

M. de Villenègre est amoureux de ma jeune maîtresse, et tout fait supposer qu'il est aimé d'elle... et, puisqu'il faut tout avouer, continua-t-il en sanglotant, ma jalousie autant que l'intérêt de mon maître m'a poussé ce soir à épier les démarches de ce jeune gentilhomme et de son complice...

Le lieutenant-criminel sourit avec satisfaction; il se sentait sur la trace de la vérité en ce qui concernait le marquis. On a pu voir déjà que le magistrat, malgré sa rigoureuse probité, ne se souciait pas d'avoir pour ennemis les parents de Villenègre.

— Ainsi donc, reprit-il d'un ton mystérieux, il ne serait pas impossible qu'il existât une intrigue entre...

— Giles Poinselot, malgré son dévoûment pour moi, en a menti comme un coquin s'il ose affirmer cela ! s'écria Poliveau avec violence ; n'est-ce pas assez que j'aie perdu dans cette fatale nuit ma fortune, mon crédit, ma vieille réputation de probité? faut-il donc encore m'attaquer dans ce que j'ai de plus cher, dans l'honneur de ma fille unique ?

Defunctis imposa silence au malheureux marchand ; il allait presser Giles de nouvelles questions, lorsque le prisonnier s'avança impérieusement au milieu de l'assemblée.

— Un débat sur ce sujet est inutile, dit-il de ce ton dégagé qui contrastait avec sa timidité en présence de Rosette ; on fera ce que l'on voudra de moi ; mais je ne consentirai jamais à me sauver en perdant une jeune fille pure et irréprochable.....

Finissons-en, messieurs... puisque l'on m'a trouvé dans la compagnie de ceux qui ont volé le marchand Poliveau, vous devez supposer que je suis leur complice... Je remercie M. le lieutenant-criminel de sa bonne volonté pour moi ; mais je ne me tirerai pas du danger par une lâcheté !

Rosette s'était à demi évanouie sur un siége.

— Comme il l'aime ! murmura le pauvre apprenti en laissant tomber sa tête sur sa poitrine.

— Ce jeune homme a encore un peu de sang noble dans les veines ! s'écria Poliveau, il n'a pas voulu se sauver par une bassesse !

Le magistrat avait fait un signe de désappointement en voyant Villègre se détourner dédaigneusement de la voie de salut qu'il lui avait ouverte.

— Une folle générosité vous aveugle peut-être, monsieur le marquis, reprit-il presque affectueusement, je vous en supplie, songez au chagrin que cette aventure va causer à M. le duc votre père, à madame la duchesse votre mère, dont vous êtes l'idole,.. Je vous invite, pendant qu'il en est temps encore, à rétracter cet incroyable aveu.

Villenègre se taisait, peut-être le souvenir de sa famille que l'officier de justice venait d'évoquer l'avait-il ému trop vivement; Defunctis continua plus bas :

— Songez, de grâce, monsieur le marquis, à ce qui vous attend si vous persistez à ne pas vous défendre..... Vous serez jugé et condamné; votre écusson sera brisé publiquement par la main du bourreau; vous irez achever les restes d'une vie qui peut être si belle sur les galères du roi.... Votre famille a des amis puissants, je le sais, mais elle a aussi de puissants ennemis, parmi lesquels est madame la maréchale... On ne vous sauvera pas; souvenez-vous de Beaumanoir, du baron de Beauveau et de tant d'autres ! Je vous en conjure, songez que la réputation d'une petite bourgeoise coquette ne vaut pas l'honneur d'une vieille et illustre maison !

Rosette, cachée dans l'ombre à deux pas de l'interlocuteur, avait tout entendu ; elle suivait avec anxiété les mouvements du jeune Villenègre. Elle le vit baisser la tête et passer la main sur son front couvert d'un sueur froide ; elle crut qu'il hésitait, elle frissonna. Mais au même instant le marquis se redressa et dit d'une voix ferme :

— Je répondrai devant mes juges ; en ce moment je n'ai rien à ajouter.

— Monsieur le sergent du guet, reprit le magistrat en poussant un profond soupir, conduisez ce cavalier en prison... Que sa faute retombe sur sa tête!

Cet ordre mit en mouvement toute l'assemblée. Le lieutenant-criminel leva les yeux au ciel comme pour le prendre à témoin de l'inutilité de ses efforts, puis il donna quelques ordres à voix basse afin de mettre la boutique de Poliveau à l'abri d'une agression ultérieure. Les soldats du guet s'avancèrent pour s'emparer du prisonnier; déjà on entendait dans la rue un cliquetis d'armes, un piaffement de chevaux qui annonçaient un prochain départ. Rosette, par un mouvement inattendu, s'élança vers la porte, au moment où le marquis s'éloignait avec ses gardes; elle dit d'un ton ferme au lieutenant-criminel :

—Un moment encore, monsieur le juge; vous ne connaissez pas toute la vérité; j'aurai le courage de la dire!

L'ABANDON.

VII.

L'air animé de Rosette, son geste plein d'autorité frappèrent de surprise les assistants.

Le magistrat prévit quelque révélation importante.

— Arrêtez! cria-t-il aux gardes.

— Que viens-tu faire ici, mon enfant? dit Poliveau, faut-il donc que tu sois témoin du plus grand malheur qui m'ait frappé depuis la mort de ta pauvre mère?

— Je viens empêcher une injustice, répondit-elle. Mon père, avant de pleurer sur nos malheurs, ma conscience m'oblige de rendre hommage à la vérité....

— Mon Dieu, qu'allons-nous apprendre? s'écria Poinselot en se redressant malgré sa blessure.

— Parlez, mademoiselle, dit le magistrat avec intérêt, que savez-vous?

Rosette se taisait; la violence de ses sentiments l'empêchait de les exprimer..

— A quoi bon nous retenir? s'écria Villenègre en faisant un mouvement pour sortir; ne voyez-vous pas, monsieur le lieutenant-criminel, que les tristes événements de la nuit ont bouleversé la tête de cette pauvre jeune fille?

— Non, non, monsieur, écoutez-moi, balbutia Rosette en saisissant le manteau du juge: je sais, j'ai la certitude que M. de Villenègre n'a pris aucune part à ce vol abominable.

— En êtes-vous bien sûre, mademoiselle? Où était donc M. le marquis pendant que l'on forçait la boutique de votre père?

— Il était.... il était.... dans ma chambre.

Le plus profond silence accueillit cet aveu. Tout-à-coup le vieux marchand s'élança vers Rosette et la saisit rudement par le bras.

— Elle ment! ne la croyez pas! s'écriat-il. Elle aime ce jeune homme, elle veut le sauver; et pour cela elle ne craint pas de déshonorer son père, de se déshonorer elle-même! Elle ment, je vous l'affirme! Allons, montez à votre chambre, ajouta-t-il en cherchant à entraîner sa fille vers l'escalier; vous avez assez dit d'impertinences aujourd'hui..... Et vous, messire Defunctis, vous étiez mon compère, mon ami autrefois; oubliez cette caillette....... quand les petites filles veulent se mêler d'affaires sérieuses elles parlent à tort et à travers... Ne pensez plus à cela, je la punirai comme elle le mérite, je vous le promets!

Le malheureux bourgeois s'efforçait de prendre cet air de sévérité factice que les pères affectent avec un enfant gâté; mais le lieutenant-criminel ne semblait pas disposé à traiter aussi légèrement la déposition de Rosette.

— Je suis fâché de vous contredire, sire Poliveau, reprit-il, mais il faut que vous laissiez votre fille parler devant moi en toute liberté.

— Mais je vous jure qu'elle ment! elle ne sait de quoi il s'agit, elle ne sait ce qu'elle dit... Un homme caché dans sa chambre! Elle si sage, si pieuse, recevoir dans sa chambre un jeune gentilhomme! et cela quand on pille ma maison, quand on blesse mes serviteurs, quand on me réduit à la misère, à la banqueroute, à l'infamie! Est-ce que cela est possible? est-ce que cela n'est pas absurde? Elle invente ce mensonge pour sauver un muguet qui lui a débité parfois des galanteries en venant à la boutique... Dites-lui de vous donner des preuves de ce qu'elle avance! ah! ah! Je la défie de vous donner des preuves!

Et il se mit à rire d'un rire idiot qui arracha des larmes à plusieurs des assistants. Defunctis domina son attendrissement pour poursuivre ses investigations.

— Giles Poinselot, demanda-t-il au blessé dont le désespoir différait peu de celui de Poliveau lui-même, croyez-vous sincère l'aveu de cette jeune fille?

— Hélas! elle ne peut dire que la vérité, répondit l'apprenti à demi-voix; ce que je redoutais le plus est arrivé.

— Mais des preuves! s'écria le marchand, exigez des preuves!

— Mon père, dit la belle drapière avec fermeté, ne vous hâtez pas de m'accuser; je vous jure devant Dieu que je suis innocente de tout crime; c'est pour cela que je suivrai les impulsions de ma conscience... M. de Villenègre, par un sentiment que j'apprécie, a voulu me faire le sacrifice de son nom, de son rang, de sa liberté, de sa vie peut-être; je n'accepte pas ce sacrifice. Je déclare que cette nuit, le gentilhomme ici présent s'est introduit dans ma chambre contre ma volonté; il y est resté tout le temps qu'on a employé à commettre le vol... et s'il faut des preuves à ce que j'avance, on trouvera sur ma fenêtre l'empreinte des pieds de M. de Villenègre; son manteau est encore sur un siége près de la cheminée....

A mesure qu'elle parlait, le visage de Poliveau prenait une expression plus terrible; mais lorsqu'elle en vint aux circonstances qui devaient prouver si clairement l'exactitude de son témoignage, il s'élança vers elle.

— Et elle n'a pas crié! elle n'a pas appelé à son secours! disait-il en grinçant les dents; misérable créature!

Les soldats se saisirent de lui.

—Retenez ce pauvre homme, ordonna Defunctis avec une expression de satisfaction évidente; et vous, monsieur le sergent, continua-t-il en s'adressant à l'officier du guet, montez à la chambre de cette jeune fille; vous vous assurerez de la vérité de cette déposition.

Le sergent se fit accompagner de Geneviève qui était descendue avec Guillaume depuis quelques instants. Guillaume et les soldats retenaient le malheureux Poliveau en proie au plus affreux délire.

— Mon père, mon père, s'écriait Rosette en se traînant à genoux devant lui, de grâce ne me maudissez pas ! Mon père, je ne suis pas coupable...

Mais le vieillard ne l'écoutait plus ; il rugissait en se débattant au milieu des hommes robustes qui s'étaient emparés de lui. Villenègre s'approcha de la belle drapière et dit d'une voix émue :

— Malheureuse enfant ! qu'avez-vous fait ? C'était moi qui avais commis la faute, était-ce donc à vous d'en porter la peine ? Ne valait-il pas mieux m'abandonner à mon sort?... Avec des protections puissantes...

— Laissez-moi, monsieur, interrompit la jeune fille en le repoussant par un geste plein de dignité : je n'ai pas voulu accepter votre sacrifice, et je me suis sacrifiée moi-même. Nous ne nous devons plus rien ; je ne vous connais plus... Maintenant j'appartiens toute entière à ce malheureux vieillard dont vous avez empoisonné les derniers jours...

Le sergent du guet redescendit après avoir achevé l'examen qui lui avait été prescrit. Il avait vu sur la fenêtre les traces indiquées par Rosette; il rapportait le manteau de Villenègre et les linges que les jeunes gens avaient ajustés bout à bout pour en faire une sorte d'échelle. Ces preuves étaient convaincantes, aussi messire Defunctis n'eut-il pas un instant de doute.

— La vérité se découvre enfin, s'écria-t-il; c'était par délicatesse, par générosité que M. de Villenègre se déclarait complice du vol... Les véritables coupables, c'est-à-dire le soi-disant comte de Manle et ses domestiques seront poursuivis, et punis; je les retrouverai, soyez-en sûrs... En attendant, continua-t-il en s'inclinant devant le jeune gentilhomme et en déliant lui-même les cordes qui retenaient ses mains, vous êtes libre, monsieur, et j'espère que vous rendrez compte à vos honorables parents, du zèle, de la complaisance...

Villenègre ne répondit pas; sa liberté semblait l'occuper beaucoup moins que les larmes de Rosette, toujours agenouillée. Dès que ses mains furent dégagées, il s'avança vers Poliveau et lui dit avec un respect profond :

— Je vous en conjure, monsieur, modérez votre colère; ne maudissez pas votre malheureuse enfant! Je vous affirme sur ma foi de gentilhomme et sur ma conscience, que mademoiselle Rosette n'a pas démérité de vous ; elle est toujours digne de votre affection, de votre estime.... J'ai pénétré chez elle par surprise ; vaincu par ses instances, j'allais m'éloigner lorsque les bruits de la rue et la disparition de l'échelle m'ont empêché d'exécuter ce projet.....

Mais ces explications ne firent qu'exaspérer le père outragé.

— L'entendez-vous, le beau damoiseau, le chevalier courtois, le défenseur des belles affligées ! s'écria-t-il avec ironie ; il me donne sa parole de gentilhomme ! Oh ! maudit soit tout ce qui a jamais porté cet exécrable titre pour la honte et le malheur des honnêtes gens !... Pendant que l'un me volait mon argent dans ma boutique, l'autre me volait ma fille !... Ils s'étaient partagés les dépouilles du pauvre marchand ; l'un brisait la porte, l'autre la fenêtre ; l'un emportait le coffre, l'autre l'honneur !... Misérables !... misérables ! Et je te croirais, toi, lorsque tu affirmes qu'elle est innocente ? Non, non, ta présence ici l'a déshonorée ; elle est à toi, prends-la... démon, emporte l'âme que tu as damnée ! Que ferais-je de cette pécheresse auprès de mon lit de mort? Je ne veux plus la voir! Partez tous, emmenez-la ou je la tuerai.

— Mon père, mon bon père, ne m'accablez pas de votre colère, de votre mépris; ne vous détournez pas de moi, ne me chassez pas... J'en jure par la sainte Vierge, par la mémoire de ma mère que vous avez tant aimée, je ne mérite pas votre haine!

Le vieillard la repoussa du pied avec une sombre et farouche détermination.

Villenègre allait encore élever la voix, mais Defunctis lui fit signe de se taire et dit au malheureux bourgeois d'un ton d'autorité :

— Que signifie une pareille obstination, sire Poliveau? comment un homme probe et sensé, comme vous l'avez été jusqu'ici, peut-il s'abandonuer à de pareils transports? Voyons, continua-t-il avec plus de douceur, en prenant la main du vieillard et en la secouant cordialement, ce n'est plus le magistrat qui vous parle, c'est votre compère Defunctis, votre ancien ami, de l'Hôtel-de-Ville... Revenez à vous! Vos malheurs sont grands sans doute, mais ils ne sont pas irréparables; on vous a volé une forte somme, il est vrai, mais vous avez du crédit, des amis ; vous vous tirerez de ce mauvais pas... Quant à votre fille, n'y a-t-il pas de l'injustice à la rendre responsable des étourderies d'un jeune cavalier qui s'est introduit dans sa chambre contre sa volonté? Et puisqu'elle vous jure qu'elle n'a rien à se reprocher, puisque

M. de Villenègre affirme sur l'honneur.....

Le marchand avait entendu la première partie de cette réprimande avec abattement, mais dès qu'on entreprit de défendre sa fille, il retomba dans les mêmes fureurs qu'auparavant.

— Ne me parlez pas d'elle! s'écria-t-il, elle veut nous tromper, elle ment! Si elle n'aimait pas ce jeune muguet que Dieu confonde! lui eût-elle sacrifié l'honneur de son père et le sien? Je vous dis que c'est une abominable créature... je la hais... je la tuerai, si on ne me délivre pas de sa présence....

Le magistrat comprit que, dans cet état d'exaspération le pauvre vieillard resterait sourd à toutes les explications, et il ne savait plus à quel parti s'arrêter pour mettre fin à cette déplorable crise. Poliveau reprit tout-à-coup d'un ton relativement plus calme et même avec l'accent de la prière :

— Vous venez de rappeler vous-même, messire Defunctis, notre ancienne amitié dans des temps plus heureux... Eh bien ! aidez-moi à sortir de l'épouvantable situation où je me trouve. Écoutez, je suis ruiné; déshonoré ; demain peut-être les sergents, les huissiers viendront m'enlever ce qui me reste, je serai déclaré banqueroutier, infâme; mes honneurs passés ne seront pour moi qu'un malheur de plus... La vie me sera désormais à charge et je pourrais bien me laisser entraîner à l'horrible tentation de me venger de celle qui cause tous mes maux... Defunctis, mon ami, sauvez-moi de cette tentation, épargnez-moi le crime de verser mon propre sang ; emmenez avec vous cette odieuse créature. Vous êtes un homme respectable, prudent, à qui l'on peut confier une pareille mission. Emmenez-la, à moins toutefois qu'elle ne veuille suivre son séducteur, car elle lui appartient, il peut la réclamer ! mais qu'elle parte à l'instant, si elle passait seulement une seule nuit sous le même toit que moi, je ne répondrais pas de ma colère !

En prononçant ces dernières paroles, le vieillard avait dans le regard, dans le geste, dans l'expression du visage, une sauvage énergie ; nul ne doutait qu'il ne fût capable de réaliser ces menaces. Rosette seule ne fut pas épouvantée de cet effrayant délire;

elle se leva, marcha droit à son père, et lui dit avec une résignation étrange :

— Eh bien! me voici, mon père; tuez-moi; ne suis-je pas à vous? n'êtes-vous pas le maître de ma vie? Éloignez-vous, messieurs, continua-t-elle avec fermeté, votre ministère est fini maintenant..... De quel droit venez-vous vous placer entre un père et sa fille? Ne craignez rien pour moi; je lui ferai bien entendre que je ne mérite ni sa haine ni son mépris... d'ailleurs, quand même il accomplirait sa menace, je ne me plaindrais pas; j'aime mieux mourir que de vivre avec sa haine; ma mort expierait du moins à ses yeux les fautes qu'il me reproche; il me pleurerait peut-être!

— Elle me brave, entendez-vous? Elle me brave! s'écria le malheureux marchand, incapable d'apprécier la touchante soumission de sa fille.

Villenègre s'était approché du lieutenant-criminel et lui avait parlé bas avec chaleur.

— Mademoiselle, dit le magistrat avec gravité en prenant Rosette par la main, il est inutile de chercher à adoucir votre père dans un pareil moment; il faut laisser agir le temps, la réflexion; demain peut-être il sera plus calme... En attendant, souffrez que je vous conduise chez moi; je vous confierai à ma femme qui aura pour vous les soins d'une mère, si mieux vous n'aimez chercher un asile au couvent de l'Ave-Maria, dont la supérieure est ma parente... Je crois convenable, prudent même pour ne pas irriter plus longtemps Poliveau par votre insistance inutile...

— Je ne le quitterai pas! s'écria la pauvre enfant avec force; je ne l'abandonnerais pas lorsque tant de maux viennent l'accabler à la fois!... qui le soutiendrait, qui le consolerait, qui l'aimerait?

— Moi! répondit Giles Poinselot d'une voix faible.

Villenègre voulut joindre ses instances à celles du magistrat, mais Rosette l'interrompit brusquement.

— De quel droit, monsieur, demanda-t-elle, venez-vous me donner vos conseils? Est-ce donc parce que je porte la peine de votre insigne lâcheté?

Le jeune homme se redressa avec noblesse.

— Vous me demandez de quel droit? s'écria-t-il de manière à être entendu de tous les assistants, du droit qu'ont les coupables de se repentir et d'expier leurs fautes, du droit qu'ont les imprudents de réparer le mal qu'ils ont fait... Et si cela ne suffit pas, du droit que peut avoir un mari de veiller sur sa femme ; car j'en prends à témoins ceux qui sont ici présents, sur mon honneur de gentilhomme, je jure de n'avoir jamais d'autre femme que vous!

En entendant cette promesse solennelle, le magistrat hocha légèrement la tête en signe de doute. Poliveau poussa un éclat de rire moqueur.

— Et maintenant, monsieur, continua le marquis en s'adressant à Defunctis, accomplissez votre projet... c'est la marquise de Villenègre qui est désormais confiée à vos soins parternels!

Le lieutenant-criminel s'inclina et voulut emmener Rosette; mais elle résista de toute sa force.

— Jamais! jamais! s'écria-t-elle d'une voix éclatante.

— Ah! ah! elle ne veut pas être marquise! dit Poliveau avec son rire d'insensé; elle veut y être contrainte, la douce et bonne créature! Allons, vous autres, saisissez-la... Elle vous récompensera lorsqu'elle sera duchesse, et moi je vous remercierai.

— Mon père! mon père! s'écria la pauvre Rosette que Defunctis entraînait malgré sa résistance, m'avez-vous donc abandonnée à ce point?

— Sire Poliveau, dit le lieutenant-criminel en s'arrêtant sur le seuil de la porte, quand votre cœur de père se réveillera vous viendrez me demander votre fille !

Le vieillard se leva, étendit la main et s'écria d'une voix de tonnerre :

— Puissent les flammes de l'enfer...

Mais il n'acheva pas sa malédiction ; il tomba évanoui dès qu'il n'aperçut plus Rosette.

Lorsqu'il reprit ses sens il se trouva encore dans la boutique. A sa droite et à sa gauche se tenaient Geneviève et Guillaume, lui prodiguant les secours les plus empressés. En face, sur un autre siége, était Giles Poinselot, aussi faible, aussi souffrant que lui. Toutes les autres personnes s'étaient éloignées ; on entendait seulement devant la maison les pas cadencés d'une sentinelle que le lieutenant-criminel avait laissée pour prévenir de nouvelles tentatives de vol. Un faible rayon du jour se glissant à travers les barreaux du cintre, au-dessus de la porte, faisait pâlir la lueur de la lampe qui brûlait encore sur le comptoir. Un morne silence régnait dans ce lieu si bruyant quelques heures auparavant.

Le pauvre marchand se souleva avec effort et regarda lentement autour de lui ; puis tout-à-coup il porta la main à son front, comme s'il venait d'y recevoir une blessure... Sans doute il se souvenait, car il baissa la tête et il pleura.

Les assistants se gardèrent de troubler

sa douleur ; ils pleurèrent avec lui. Bientôt il se redressa de nouveau et examina l'un après l'autre ceux qui l'environnaient. En reconnaissant Geveniève et Guillaume, il fit un signe affectueux pour les remercier de leurs soins. Mais dès que ses yeux se furent attachés sur Giles Poinselot, qui attendait avec anxiété l'effet de cet examen, il se leva en chancelant et courut à lui les bras ouverts.

— Giles ! mon pauvre Giles ! s'écria-t-il te voilà donc revenu ?

Ils s'embrassèrent et confondirent leurs larmes.

— Maître, reprit le blessé, vous ne m'en voulez donc pas d'être resté ? vous n'êtes donc plus en colère contre moi ? vous ne me chassez plus ?

— Moi être en colère contre toi? s'écria le malheureux père; moi te chasser? mais je n'aime plus, je n'estime plus que toi sur la terre! Pendant que tout le monde dormait, tu veillais, toi, sur ma fortune et sur mon honneur, toi que j'avais repoussé, insulté, honni! Pendant que les voleurs et les infâmes s'introduisaient dans mon logis, tu étais là sur le seuil pour le défendre; tu versais ton sang comme le chien fidèle, en donnant l'alarme!... Moi te chasser? mais tu n'es plus mon hôte, tu n'es plus mon apprenti, tu es mon fils bien aimé!

— Bourgeois, interrompit timidement Giles, vous avez une autre enfant, et...

— Ne m'en parle pas, s'écria Poliveau

avec violence, ne m'en parle pas si tu veux que je vive!.. Vous autres, continua-t-il d'un ton farouche en se tournant vers Guillaume et Geneviève, souvenez-vous que je n'ai pas de fille, que je n'en eus jamais... si quelqu'un de vous a l'audace de prononcer son nom devant moi...

En ce moment ses yeux tombèrent sur la place que Rosette occupait d'ordinaire dans la boutique. Son fauteuil, sa corbeille à ouvrage, son éventail étaient encore posés là, comme si elle eût dû revenir. L'aspect de ces objets brisa le courage du pauvre homme; il retomba sur son siége et se couvrit les yeux en sanglotant.

— Il lui pardonnera peut-être ! murmura Giles en regardant Guillaume, mais la ruine et le déshonneur n'en vont pas moins venir frapper ici... Nous ferons tous notre devoir!

L'ENCLOS DU TEMPLE.

VIII.

Il reste bien peu de chose aujourd'hui de l'ancien quartier du Temple, tel qu'il était il y a deux ou trois siècles. Tout l'espace compris entre le boulevard, la rue de la Corderie et la rue du Temple, formait alors un vaste enclos qui, après avoir appartenu à l'ordre des Templiers, était devenu, depuis Philippe-le-Bel, la propriété des chevaliers de Malte. Ce terrain avait été anciennement entouré de fossés et de murailles, flanqué de tours et garni de pont-levis comme une véritable place de guerre; mais à l'époque où nous nous trouvons, ces remparts menaçants avaient disparu en partie; le mur fortifié, avec ses poivrières et ses tourelles n'existait plus que du côté de la rue du Temple, où se trouvait l'entrée principale de l'enclos. Cette entrée, située dans un enfoncement, entre l'hôtel du grand prieur et la muraille, à peu près en face de la rue des Fontaines, était une voûte sombre, pratiquée sous une vieille et haute masure. Là veillait nuit et jour une garde suffisante pour faire respecter le droit d'asile dont jouissait le quartier.

L'intérieur de cette enceinte offrait à l'œil un assemblage de maisons de bois, agglomérées sans ordre, pour la plupart sales et délabrées. Cependant, plusieurs de ces constructions, isolées des autres et d'un aspect plus moderne, étaient entourées de jardins bien cultivés; elles eussent ressemblé à de jolies fermes, n'eût été la parcimonie avec laquelle on leur avait distribué l'air et l'espace.

Deux ou trois grands édifices dominaient cet amas confus de bâtiments et de feuillage. Outre l'hôtel du grand-prieur, vaste et noble palais dont une partie existe encore, on voyait au fond de la place principale, alors appelée proprement le *Temple*, une vieille tour gothique servant de prison aux chevaliers. A droite, à l'extrémité du jardin du prieuré, on s'élevait le monument lugubre si célèbre sous le nom de *Tour du Temple*; il était carré, flanqué aux quatre coins de tours énormes, noir, sombre, aux fenêtres grillées ou garnies d'abat-jour; ses flèches hardies semblaient se perdre dans les nues. Cette espèce de forteresse avait été bâtie au treizième siècle par le frère Hubert, trésorier des Templiers, pour servir à renfermer les archives de son ordre. Plus tard, les rois de France y déposèrent leurs trésors lorsqu'ils partaient pour des guerres lointaines, et à l'époque dont nous parlons, elle contenait les archives des chevaliers de Malte. Mais on sait que l'histoire de la tour du Temple ne s'arrête pas là ; le malheureux Louis XVI attendit pendant cinq mois entre ses épaisses murailles l'arrêt que la Convention allait porter contre lui.

Ces monuments historiques, ces orgueilleux palais, jetés au milieu des bicoques et des grands arbres dont l'enclos était rempli, lui donnaient une physionomie et un caractère particuliers. Ses habitants ne ressemblaient pas non plus entièrement à ceux des autres quartiers de Paris. Ils pouvaient se partager en deux catégories bien distinctes : les uns sombres, moroses, inquiets, les autres pétulants, gais, joyeux jusqu'à la folie. On en voyait se glisser lentement le long des maisons, jetant autour d'eux des regards furtifs et honteux, la tête basse, tandis que d'autres chantaient à tue-tête et s'enivraient dans les nombreuses tavernes de l'enclos. Pendant les beaux jours, les uns venaient s'asseoir tristement sur la place principale, mornes, pensifs, ne paraissant plus vivre que par la pensée ou le souvenir, pendant que les autres prenaient bruyamment leurs ébats et passaient le temps en jouant à la paume ou aux quilles. Du reste, tous les rangs, toutes les conditions semblaient avoir des représentants dans la foule bariolée qui habitait l'asile du Temple; il y avait de jeunes et brillants gentilshommes en pourpoint de soie, et de pauvres hères en guenilles; il y avait des abbés, des militaires, des bourgeois, des gens de robe et des gens de plume, chacun avec son costume caractéristique, ses mœurs et ses goûts; c'était une ville en raccourci où ne manquaient ni les petites passions, ni les petites intrigues, ni les caquetages des villes de province.

Or, tous les habitants de ce quartier, abbés et militaires, bourgeois et gentilshommes, étaient réunis là par un motif commun; tous étaient banqueroutiers ou débiteurs insolvables; tous s'étaient réfugiés dans ce coin obscur de Paris pour échapper aux poursuites des sergents et des huissiers, ou même aux exactions des collecteurs d'impôt. L'enclos du Temple était alors ce que la Belgique et l'Angleterre sont de nos jours pour beaucoup de gens, un asile contre les créanciers.

Tel était en effet le privilége dont jouissait de temps immémorial ce vieux quartier. On sait combien Paris avait autrefois de juridictions différentes, les unes séculières, comme celles du prévôt et du bailly, les autres ecclésiastiques, comme celles de l'abbé de Saint-Germain-des-Prés ou du chapitre de Notre-Dame, juridictions qui, se croisant, s'entravant les unes les autres, nuisaient à la prompte répression des crimes et délits. Le pouvoir exercé par le grand-prieur de Malte sur l'enclos provenait du grand-maître des Templiers, l'ancien propriétaire, qui avait eu droit de haute et basse justice sur le territoire de la corporation dont il était le chef. Les chevaliers de Malte, comme les autres seigneurs hauts justiciers de Paris, avaient été de tous temps très-jaloux de leur autorité, et aucune arrestation pour dettes ne pouvait avoir lieu dans l'enclos si ce n'est par les officiers de monseigneur le grand-prieur; or, comme monseigneur et son ordre trouvaient leur profit à faire du Temple un lieu d'asile, il était sans exemple qu'ils eussent donné à personne le droit d'en violer la franchise. Cet état de choses a duré jusqu'à la révolution de 1789, où les priviléges et les justices particulières ont été abolis.

« Du reste, bien qu'au commencement du dix-septième siècle l'art de s'enrichir en faisant banqueroute n'eût pas encore été perfectionné comme aujourd'hui, il ne faut pas croire que tous les habitants de l'enclos du Temple fussent réduits à la misère; il y avait là, au contraire, autant de gens riches que dans aucun autre quartier de Paris ; certains débiteurs s'y étaient même fort bien acclimaté et n'eussent pas volontiers changé de demeure. Les marchands qui étaient venus s'y réfugier pour échapper au pilori et au *bonnet vert*, par lequel on distinguait alors les banqueroutiers, y avaient élevés des boutiques et ils y exerçaient leur industrie en toute liberté, souvent avec succès. Certains gentilshommes qui n'avaient pas eu assez de crédit pour se soustraire aux poursuites de leurs créanciers, s'y battaient, jouaient et courtisaient les femmes, comme au Cours-la-Reine ou à la place Royale ; certains abbés y mangeaient leurs revenus aussi gaîment que s'ils n'eussent pas délapidé les biens de leurs abbayes et encouru les anathêmes de leur évêque. On jouait gros jeu et on menait joyeuse vie.

En revanche, pendant le jour, à l'exception du dimanche, aucun des habitants de l'enclos ne pouvait en sortir sans courir le risque de tomber entre les mains de ses ennemis. Le ruisseau qui partageait en deux la rue du Temple était la limite fatale au-delà de laquelle les priviléges du lieu cessaient de protéger les débiteurs ; aussi que de ruses, de stratagêmes employaient les créanciers et leurs sergents pour attirer sur la rive gauche de ce cours d'eau fétide les pauvres reclus parqués sur la rive droite!... Le gentilhomme voyait passer devant lui la femme qu'il avait aimée, au bras d'un joyeux mousquetaire qui le regardait en ricanant ; malheur à lui s'il se laissait aller à la tentation de les suivre et de franchir la frontière! le mousquetaire se changeait en huissier du Châtelet, qui exhibait tout-à-coup son mandat et traînait le jaloux en prison. Souvent on venait annoncer à un marchand banqueroutier qu'un de ses anciens débiteurs avait eu des remords et l'attendait dans une rue voisine avec un sac d'argent; malheur à lui s'il donnait dans le piége! le débiteur se trouvait être un gros sergent, qui mettait sans façon la main au collet du trop confiant boutiquier et le conduisait en lieu de sûreté. Aussi les hôtes du grand-prieur se tenaient-ils en garde contre les surprises; chacun restait tranquillement dans l'asile commun, occupé de ses plaisirs ou de ses affaires. Seulement, le dimanche ou le soir, après le coucher du soleil, les habitants de l'enclos avaient le droit de se répandre dans Paris; ils pouvaient aller narguer leurs créanciers dans les lieux publics et les irriter quelquefois par l'étalage d'un luxe effronté. Mais dès que le soleil remontait sur l'horizon il fallait revenir au plus vite; bien des imprudents s'étaient repentis d'avoir oublié l'heure auprès d'une femme ou d'une bouteille.

Tel était autrefois l'enclos du Temple. Nous demandons pardon au lecteur pour la longueur de ces détails, mais il était nécessaire, avant de poursuivre notre récit, de lui faire connaître l'étrange partie de Paris où nous allons l'introduire, un an environ après le jour où le vol de dix mille écus, commis chez Poliveau, avait consommé la ruine de l'honnête marchand drapier.

Dans une impasse écartée, presque en face de la célèbre tour, était un cabaret borgne, auquel on arrivait par une sorte de sentier pratiqué entre les haies de clôture et ombragé d'ormes séculaires. Ce cabaret consistait en une vieille maison de bois à trois étages, vermoulue, branlante, à moitié pourrie; néanmoins une vigne luxuriante, plantée près de la porte principale, cachait les lézardes des murailles sous ses pampres verts et donnait presque un air riant à cette masure. C'était là qu'en raison de la modicité des prix du vin, se réunissaient les moins turbulents habitants de l'enclos; aussi l'appelait-on la *taverne aux bourgeois*, par opposition à la *taverne aux gentilshommes*, située à l'autre extrémité de l'enceinte près de l'entrée principale. Du reste, elle n'était pas exclusivement réservée aux hôtes roturiers et aux marchands ruinés. Quoique dans l'enclos du Temple la distinction des castes fût alors aussi bien établie que partout ailleurs, certains gentilshommes ne dédaignaient pas de se mêler aux habitués plébéiens de la taverne aux bourgeois; mais il faut avouer que d'ordinaire ces transfuges étaient peu fortunés, et pouvaient frayer seulement avec les gens économes qui hantaient ce paisible cabaret. Toujours est-il que les scènes de désordre, les batteries et les scandales y étaient beaucoup plus rares que dans l'autre maison, fréquentée par l'aristocratie des banqueroutiers et des grands seigneurs insolvables.

Un soir d'été, au moment où le soleil venait de se coucher, quelques personnes étaient réunies dans la salle basse de cette taverne, autour de plusieurs tables boiteuses qui, avec des bancs grossiers et des tabourets de bois formaient tout l'ameublement. Les fenêtres ouvertes, permettant à l'air frais de pénétrer dans l'intérieur de la salle, laissaient le regard errer sur l'horizon borné de l'enclos. Des milliers de moineaux piaillaient dans les arbres; des oiseaux de nuit commençaient à planer au sommet de la grande tour, qui se dessinait en noir sur le ciel. Déjà plusieurs habitués du cabaret venaient d'en sortir pour se répandre dans Paris, car, nous l'avons dit, la nuit était heure de franchise pour les habitants du Temple. Il ne restait plus que cinq ou six bourgeois qui jouaient au lansquenet et se disputaient à grands cris quelques liards. Près de la fenêtre était un homme de haute taille, vêtu d'un costume militaire flétri, à collet de buffle; sa figure, partagée par une balafre rouge, avait bien l'air le plus rébarbatif que l'on pût voir. Ce personnage, assis seul à une table devant un pot d'hypocras, tenait sur ses genoux une lourde épée à poignée de fer d'un aspect formidable. Il ne disait rien et vidait silencieusement son gobelet d'étain. Néanmoins lorsque les discussions des joueurs, ses voisins, devenant trop bruyantes, troublaient sans doute ses méditations, il faisait entendre un certain grondement, analogue à celui d'un dogue, et ce signe de mécontentement arrêtait immédiatement les criailleries des pauvres gens.

Non loin de cet homme, ébauche barbare de ce que l'on a appelé plus tard « un tyran de café, » on voyait dans un angle de la salle et dans l'ombre, un vieillard d'humble apparence, courbé par l'âge et les chagrins. Il s'était retiré à l'écart, et la table, posée devant lui, ne portait aucun rafraîchissement, soit qu'il fût trop pauvre pour faire de la dépense, soit que dans la morne rêverie où il était plongé, il eût oublié de donner des ordres à une vieille servante bossue qui allait et venait dans la salle. Il restait dans une insensibilité complète, accoudé sur la table, le front appuyé sur sa main ; seulement de temps en temps il jetait un regard distrait vers la fenêtre, d'où il pouvait voir tous ceux qui passaient devant la maison ; personne peut-être dans le cabaret n'avait encore remarqué sa présence.

De son côté, le farouche Balafré semblait aussi attendre quelqu'un ; mais loin d'imiter la résignation du vieillard taciturne, il fronçait ses gros sourcils et il proférait, à intervalles de plus en plus rapprochés, des jurons à demi-étouffés. Enfin il parut se calmer lorsqu'une voix haute et claire se fit entendre à la porte de la salle; on parlait au cabaretier et on disait avec insolence :

— C'est le capitaine du Corbineau que ze demande... Comment, faquin, tou ne connais pas le brave capitaine du Corbineau ?

— Par ici! par ici donc! s'écria d'une voix rauque le balafré en se levant.

Au même instant, un personnage que nous connaissons déjà et qui n'était autre que le comte de Manle ou soi-disant tel, entra dans la salle. *Monseigneur* affectait encore de grands airs et se dandinait fièrement en marchant, mais il n'était plus richement équipé comme le jour où il était allé jouer chez Poliveau la comédie de la biche privée. Si sa moustache était toujours aussi bien cirée, si son panache était toujours aussi haut, son pourpoint, en revanche, était horriblement râpé et son haut-de-chausses commençait à perdre sa couleur primitive. Enfin il était seul, sa position ne lui permettant plus sans doute de traîner à sa suite ces laquais et ces pages qui l'accompagnaient partout autrefois.

Malgré la pauvreté de son extérieur, de Manle jeta un regard méprisant aux bourgeois lorsqu'il passa près d'eux; puis il courut, les bras ouverts, au balafré, en lui disant avec son obséquieuse politesse :

— Que ze vous salue de tout mon âme, capitaine! *veramente*, ze suis plous heureux que vos ennemis, qui n'ont zamais osé vous regarder en face, tant vous êtes brave! ze souis ravi...

— Allons! trève à vos flagorneries de courtisan, interrompit du Corbineau avec rudesse; vous pensez bien, compagnon, que je ne vous ai pas donné rendez-vous à la *Taverne-aux-Bourgeois* pour échanger des propos de caillettes! Prenez-donc place, morbleu, et causons en buvant un coup.

En même temps il fit asseoir le nouveau venu et lui versa un gobelet d'hypocras que l'autre avala lestement sans se faire prier.

Au moment où de Manle était entré dans la salle, le vieillard silencieux dont nous avons parlé s'était levé tout-à-coup et avait paru vouloir s'élancer sur lui; mais presque aussitôt il était retombé sur son banc, en laissant échapper un sourd gémissement.

Les deux amis ne remarquèrent pas ce mouvement de leur voisin; après avoir vidé sa coupe, le soudard reprit avec l'accent d'une farouche cordialité :

— Voilà longtemps, cavalier, que nous n'avons trinqué ensemble... Qu'avez-vous donc fait depuis que nous ne nous sommes vus?

— Des folies, mon ser, des folies de zentilhomme, répondit de Manle avec légèreté, en croisant ses jambes l'une sur l'autre.

— En effet, reprit le capitaine en baissant la voix, j'ai entendu dire que vous vous étiez trouvé mêlé à quelque vilaine histoire...

— Vous pouvez bien le dire, riposta de Manle en haussant le ton comme s'il eût voulu mettre dans la confidence de ses secrets tous ceux qui étaient dans la salle :

Nous autres de la cour, il nous arrive toujours des histoires vilaines ou belles ; mais cela fait passer le temps, et du moins nous ne ressemblons pas à des croquants !

— Oui, reprit du Corbineau en ricanant, mais avec cela on va aux galères.

De Manle fit un geste de mépris.

— Fi donc! capitaine, reprit-il avec humeur, vous avez appris à la guerre de méçants mots et vous avez une façon de parler peu courtoise... Où avez-vous vu qu'un zentilhomme bien né va zamais dans ces endroits-là? Chavagnac, Châtillon, Sancy ont zoué bien d'autres tours, et il ne leur est pas arrivé d'accident. Mais ze veux vous conter la zoze, c'est une zentillesse, une pure zentillesse...

— Parlez bas, du moins, dit du Corbineau en désignant les bourgeois attablés à quelque distance.

— Je me soucie bien que l'on m'entende! s'écria le fanfaron en fixant un regard provocateur sur ses voisins; s'il y a parmi tous ces coquins un zentilhomme qui trouve que j'ai mal agi, qu'il me le dise et je lui ferai raison.... Mais pour en revenir à cette aventure, imaginez-vous que le petit Villenègre et moi nous avions résolu de nous venzer d'un butor de marçand qui nous avait refusé crédit. Le petit Villenègre était amoureux de la fille de ce vieux, si bien que nous résolûmes d'enlever la péronnelle. La nuit venue, nous plantons une échelle à la fenêtre, et mon compagnon monte pendant que je fais le guet avec mes valets... Mais voilà que mes drôles, pour passer le temps, commencent à forcer la boutique, lorsqu'un cocardeau, qui était de la maison, se zette sur nous en braillant comme une corneille... Ze lui porte un coup qui l'étourdit, il tombe, mais ses cris ont appelé le guet, nous enlevons notre échelle et nous gagnons au pied, laissant Villenègre se tirer de là comme il pourra.

— Et comment s'en est-il tiré?

— Ma foi, pas trop bien; ze n'ai pas voulu retourner de peur des archers qui rôdaient par là, et z'ai envoyé mes laquais avec l'échelle pour délivrer le prisonnier... mais les coquins, au lieu de m'obéir, se sont amusés à piller la boutique, et on dit qu'ils ont bien pris au marchand dix mille écus... Je ris encore lorsque je songe à la mine pénaude que devait avoir ce vieux maraud en trouvant ses sacs démenazés !

Et il se mit à rire bruyamment en regardant les bourgeois d'un air effronté ; ils avaient cessé de jouer et écoutaient avec stupeur les horribles prouesses dont on avait l'impudence de se vanter publiquement. Du Corbineau attendit avec un imperturbable sang-froid que cet accès de gaîté fût passé.

— Et qu'est-il résulté de tout ceci ? demanda-t-il enfin.

— Ce qu'il en est résulté ? un vacarme étourdissant. Ces bourzeois ne veulent pas absolument comprendre que leurs filles sont pour les zentilhommes, et leurs bourses pour les bons lurons.... Celui-là a crié si haut qu'un lieutenant de robe courte, a fait prendre mon secrétaire et mon valet de chambre, deux bons aigrefins, qui dans leurs petits profits ne me refusaient pas ma *part d'amirauté*... On les a envoyés ramer sur les galères du roi, comme s'ils eussent été valets de charlatan ou de vilain !

— C'est une perte pour vous, camarade, dit le capitaine avec une lugubre raillerie, ces drôles vous donnaient plus de revenu que tout votre patrimoine... vous avez plumé ensemble plus d'une poule ! Mais avec le crédit que vous dites avoir, n'avez-vous rien fait pour sauver vos associés ?

— Z'ai eu assez de mal à me sauver

moi-même, reprit de Manle avec humeur,
car depuis quelque temps on a de singulières façons d'azir avec la noblesse! Ce
Defunctis surtout me pressait comme un
beau diable.... Mais z'avais pris mes précautions; si l'on ne m'avait pas relacé, z'aurais publiquement tout rezeté sur le petit
Villenègre, ce qui n'eût pas été divertissant pour la famille... On s'est donc remué pour me tirer d'affaire. De mon côté
z'ai graissé la patte à quelques-uns qui
avaient l'air d'être méçants, et voilà ce que
c'est d'être un habile homme; un sot y
serait resté... Mais le pis de l'affaire, c'est
qu'en sortant de prison z'ai rencontré le
petit Villenègre qui m'a donné un coup
d'épée dont z'ai gardé le lit pendant six
mois... Quoiqu'il n'y ait pas de honte à

cela, il me le paiera le muguet, foi de zentilhomme !

Pour péroraison le conteur avala un grand gobelet d'hypocras brûlant dont l'hôte venait d'apporter un nouveau pot. Le capitaine dardait sur lui ses yeux farouches, comme s'il eût voulu sonder ce que son compagnon pouvait cacher de perversité sous cette enveloppe frivole.

— En résumé, dit-il enfin de sa voix rauque et lugubre, vous êtes aujourd'hui assez mal en point et le grand diable commence à danser dans votre escarcelle... C'est ce que je voulais savoir ; vous êtes parfaitement disposé pour entendre ce que j'ai à vous dire.

LE COMPLOT.

IX.

Il y avait dans les expressions du capitaine quelque chose qui parut sonner mal aux oreilles chatouilleuses du comte de Manle. Il se rejeta en arrière et prit un air de fierté blessée.

— A qui en avez-vous, mon cadet, s'écria-t-il, en me parlant du mauvais état de mes affaires? Voulez-vous insulter à mes malheurs? Il est bien vrai que ze n'ai pu empêcer la confiscation de mon beau comté de Manle, avec mes çâteaux et mes terres depuis cette damnée procédure... mais il m'est resté l'honneur, capitaine, et il n'est pas bien à vous, parce qu'on vous sait brave...

— Et l'on sait que vous l'êtes aussi, cavalier, interrompit son interlocuteur froidement. Je ne veux pas me faire de querelle avec vous en ce moment... Aussi, je vous accorderai, si vous y tenez, que vous avez perdu dans cette affaire non-seulement un comté, mais le plus beau duché de France et de Navarre... Enfin, continua-t-il plus bas, si je vous ai parlé du mauvais état de vos affaires, c'est que je voulais vous proposer de les rendre meilleures.

— A la bonne heure donc! reprit de Manle d'un ton radouci; vous avez vécu dans les camps, Corbineau, et vous ne connaissez pas les délicatesses de la bonne compagnie, de sorte que z'efface votre incivilité apparente... Mais puisque vous avez quelque sose à me proposer, parlez bien vite; je souis entièrement votre serviteur.

— Ce que j'ai à vous dire ne doit pas être entendu par tant de gens, murmura le balafré; si vous voulez sortir un moment avec moi....

Sans attendre qu'il eût achevé, le comte se leva et dit en enfonçant son chapeau sur ses yeux :

— N'est-ce que cela, compagnon?.... attendez, ze vais vous débarrasser de ces coquins !

Puis s'adressant aux bourgeois qui le regardaient d'un air ébahi :

— Holà! pendards, sortez bien vite de céans et délivrez-nous de votre sotte présence! Z'ai à causer avec monsieur mon ami que voici... vos oreilles d'ânes sont trop longues pour que nous les souffrions si près de nous!

Les paisibles hôtes du cabaret se mirent sur la défensive en voyant l'insolent gentilhomme s'avancer vers eux. Les uns s'armèrent de bâtons, les autres d'escabelles; l'un d'eux lui demanda de quel droit il prétendait les chasser d'un endroit public où ils n'offensaient personne.

—Comment, scélérats, de la résistance? s'écria le comte en saisissant le chapeau de celui qui venait de parler et en le jetant par la fenêtre.

— Camarade! de Manle! criait le capitaine; laissez ces marauds! n'allez pas vous quereller pour une bagatelle... Nous allons sortir, et...

Mais de Manle croyait de son honneur

de ne pas revenir sur sa détermination ; il reprit en soulevant son épée, sans toutefois la tirer du fourreau :

— Voyons, qu'on nous cède la place! allez attendre dans la rue... si vous êtes bien sazes, ze ferai oune partie de dés avec ceux de vous qui auront à perdre quelques pistoles, dès que z'aurai fini ma conférence avec le capitaine... ze vous le promets!

En même temps il poussait les bourgeois, qui reculaient peu à peu intimidés par son air d'assurance. Quand ils eurent dépassé le seuil, il ferma brusquement la porte sur eux et il revint triomphant vers son ami. Alors seulement il remarqua le vieillard qui s'était tenu dans la partie la plus obscure de la salle pendant la scène précédente.

— Or ça, qui avons-nous encore ici? demanda le comte avec surprise; d'où diable sort ce barbon-là? Eh bien, bonhomme, n'avez-vous pas entendu ce que z'ai dit aux autres?

Il s'arrêta tout-à-coup, et, malgré son impudence, il se troubla. Il venait de reconnaître Nicolas Poliveau, pâle, faible, abattu, vieilli de vingt ans par une seule année de souffrance.

Le capitaine Corbineau, tout surpris du changement subit opéré dans son compagnon, allait en demander la cause, lorsque le malheureux marchand lui dit d'une voix pénétrante, en désignant le comte :

— Voyez-vous cet homme ? c'est par lui que ma fille a été perdue, que ma fortune a été pillée, que mon nom a été flétri; c'est par lui que je suis seul, isolé, pauvre, voué à l'infamie... Aussi méchant que vous soyez, ne vous associez pas à lui, car il est maudit; et cette association vous porterait malheur à tous deux !

En même temps, il se retourna lentement et il sortit. Les deux misérables étaient plus émus de cette apparition que ne semblait le comporter la nature féroce de l'un, le cœur sec et endurci de l'autre. De Manle le premier recouvra tout son sang-froid.

— On m'avait bien dit, reprit-il en ricanant, que Poliveau s'était retiré dans l'enclos du Temple; mais, sur ma foi, je l'avais oublié! Qui diable eût pensé voir ce vieux corbeau perché si près de nous?

— Je n'aime pas, dit le capitaine en fronçant le sourcil, que ces vieux corbeaux viennent croasser sur mon chemin... Cela n'est pas de bon augure, d'autant plus que l'affaire dont j'ai à vous entretenir touche un peu ce prophète de malheur....

— Lui? Poliveau?

— Lui-même... Parlons bas et allons au but. Un homme riche et puissant m'a fait venir pour me proposer un coup hardi qui demande adresse et sagacité. Moi, je ne sais jouer que de l'épée ou du poignard, d'où l'on m'a surnommé dans certains lieux le capitaine *coupe-jarret*... Vous êtes reconnu pour un habile homme, je veux vous associer à l'affaire. D'ailleurs vous avez été blessé par le jeune marquis de Villenègre et vous désirez vous venger de lui ; je vous offre l'occasion de lui rendre la monnaie de sa pièce et de gagner votre part de mille pistoles... Voulez-vous m'aider oui ou non?

Le comte de Manle ne se piquait pas, comme on a déjà pu en juger, d'une grande délicatesse de sentiment, cependant la brutale franchise de son compagnon ne parut pas cette fois encore entièrement de son goût. Il se caressa un moment le menton comme s'il méditait une réponse convenable.

— Capitaine, dit-il enfin, ze fais état de vous comme d'un homme de couraze, et ze voudrais vous servir de toute mon âme, mais il s'azit de s'entendre... Ze sais que vous avez guerroyé avec honneur sous le feu roi, et que depuis vous êtes forcé de vivre de votre adresse à filer la carte, à piper un dé et à soutenir de votre bras un querelleur qui n'est pas sûr de ses armes... C'est fort bien; de très-honnêtes zens vivent de cette façon et il n'y a rien à redire. Moi aussi, avant même la confiscation de mon pauvre comté, z'étais souvent forcé d'aider un peu la fortune et de frayer avec les compagnons de la Matte, parmi lesquels je vous ai connu... Maintenant, qu'on vous ait surnommé ou non le capitaine Coupe-Jarret, cela m'importe peu... ze prends les mots dans le bon sens, et z'aime à croire que si vous êtes expert dans l'art de donner un coup d'épée ou de poignard, ce n'est qu'en duel, à armes courtoises... Pour ce qui est de votre proposition, voici ce que z'ai à vous dire : quelques centaines de pistoles sont touzours bonnes à palper, et ze vous avouerai qu'en ce moment elles viendraient fort à propos dans ma poçette ; les procureurs et les zeôliers du Châtelet m'ont mis à sec, et en perdant mes pauvres valets z'ai perdu mes meilleurs soutiens... D'un autre côté, Villenègre est un petit coquin à qui ze ne veux pas de bien, mais ze ne consentirais pas à me venzer de lui d'une manière que réprouverait l'honneur d'un zentilhomme... S'il ne faut que lui zouer quelque bon tour, une zolie petite trahison que l'on pourrait raconter dans la haute compagnie, faites foi que ze ne vous manquerai pas.

Le capitaine sourit d'une manière sinistre.

— Allons, soit, dit-il; vous n'aurez pour votre part que ce qu'il y aura de plus propre dans la besogne : je m'arrangerai du reste, s'il y a lieu... Ensuite vous pourrez, suivant vos habitudes, conter l'aventure à votre guise, et chanter aussi haut qu'un coq, lorsque l'affaire sera baclée.

— Tope donc! Eh bien, cavalier, exposez-moi votre plan... Quel est d'abord le bon trésorier qui doit compter les mille pistoles?

— J'en ai déjà cinq cents dans mon escarcelle; le reste viendra après le coup. Quant au trésorier, c'est le vieux duc de Villenègre, le père de notre galant.

— Corpo! que me dites-vous là! demanda de Manle avec surprise; quoi! ce vieux seigneur podagre, maladif, et qui va mourir un de ces matins sans dire adieu à personne?

— Eh bien! précisément parce qu'il va mourir, parce qu'il sait qu'aussitôt après sa mort, son fils contracterait une mésalliance honteuse pour la famille, il désire, de son vivant, empêcher ce malheur... Ce matin, comme je vous l'ai dit, il m'a mandé à l'hôtel Villenègre; son valet de confiance, Mignon, un ancien ami à moi qui se fait appeler aujourd'hui M. Lafleur, et qui est aussi madré qu'homme du monde, lui avait parlé de moi comme d'un compagnon résolu; on m'a donc conté de quoi il s'agissait..... Le marquis est toujours amoureux fou de la belle drapière, qui, depuis la fameuse aventure où vous avez pris part, est enfermée au couvent de l'Ave Maria, sous la protection du lieutenant de robe-courte Defunctis. Le jeune galant n'en dort plus; il rôde nuit et jour autour du couvent dont l'entrée lui est rigoureusement défendue. On soupçonne cependant que la femme de Defunctis, une sotte bourgeoise qui, dit-on, mène son mari par le bout du nez, entretient le marquis dans ses espérances; elle lui donne fréquemment des nouvelles de la donzelle, car elle la voit tous les jours. Le père est indigné, mais les sermons n'y font rien; le fils prétend qu'il a engagé sa parole de gentilhomme d'épouser la petite et qu'il l'épousera, malgré Dieu et diable... La duchesse, la pauvre vieille, en a perdu le peu de raison qui lui restait; elle est aujourd'hui dans un état complet d'imbécilité. Le bon seigneur, en parlant de cela, pleurait de rage, si bien que Mignon et moi nous avons cru un moment qu'il allait trépasser en notre présence... Enfin, cependant, il s'est calmé et il nous a dit qu'il s'en remettait à nous du soin d'empêcher que son nom ne reçût une pareille tache.

— Veramente! interrompit de Manle, nous allons faire là une action magnifique et dont il sera parlé! C'est de la vertu qu'on nous demande, et c'est aussi facile qu'autre sose! on leur en donnera pour leur arzent... Mais hâtez-vous de me dire, capitaine, comment il faut s'y prendre pour sauver l'honneur de la noble maison des Villenègre.

— J'ai proposé le meilleur moyen, reprit Corbineau d'une voix sourde : c'était de mettre le feu au couvent pendant la nuit et de brûler tout ; mais cette idée n'a pas convenu... ces gens comme il faut ont toujours des scrupules d'abord, mais ensuite ils viennent aux bons partis comme les autres... Alors Mignon a proposé l'autre plan pour lequel on a besoin de vos services.

— Dites donc, ami Corbineau, fit de Manle en hochant la tête avec embarras; si ce plan n'était pas plus doux que le premier, ze ne serais guère votre homme, voyez-vous ; ze ne me soucierais pas d'être impliqué dans une affaire où il irait de la roue...

Le soudard lui lança un regard de colère et de mépris.

— Vous reculez déjà ? vous avez peur.

— Ze ne recule pas, compagnon, et ze n'ai zamais connu la crainte, mais ze souis peu zaloux d'attirer à mes trousses ce diable déçaîné de Défunctis, qui m'a dézà serré de près... Si ze n'avais pas eu le bon esprit de mêler les affaires du petit Villenègre avec les miennes, de telle façon qu'on ne pouvait me condamner et l'absoudre, ze ne sais trop si l'on ne m'aurait pas fait un mauvais parti à cause de l'aventure de Poliveau !

— Ce Defunctis vous paraît donc bien redoutable ? reprit le capitaine en souriant d'un air sombre et dédaigneux ; où en seriez-vous donc si, comme moi, vous étiez condamné depuis trois ans à être pendu, et si, depuis trois ans, vous braviez dans Paris la poursuite de ses archers ?

De Manle fit une grimace de mécontentement.

— Ze ne vous demande pas vos secrets, capitaine ; mais ze dois vous rappeler qu'avant tout, ze ne veux avoir aucun nouveau démêlé avec la prévôté.....

— Eh bien! on en passera par où vous voudrez, camarade, dit Corbineau brusquement; que diable! les amis ne sont pas des Turcs!... Le plus dangereux est d'enlever cette sotte jeune fille et de la conduire quelque part... Je me chargerai de ce soin. Quant à vous, vous n'aurez qu'à vous laisser diriger ; vous ne courrez aucun risque, vous duperez le petit Villenègre en lui soufflant sa future, et vous gagnerez cinq cents pistoles. De plus, vous pourrez conter l'histoire comme vous l'entendrez, et corbleu! elle vous fera honneur.

— Voilà ce que ze veux, et vogue la galère! s'écria de Manle. Ami Corbineau, ze souis tout à vous,.. ze n'en demande pas davantage! Pourvu que l'aventure soit plaisante et gaillarde, ze souis content. Souffler adroitement sa maîtresse à ce petit fat de Villenègre et tirer des pistoles au père pour cela! mais c'est superbe! Il ne sera bruit que de moi à la cour... On voudra me voir, on vantera mon habileté, on me comblera d'honneurs, de pensions, et les plus grands seigneurs me demanderont mon amitié... Sur ma vie, brave capitaine, il faut que je vous embrasse; vous faites ma fortune en m'embarquant dans cette affaire!

En même temps il se leva, et dans les transports de sa joie, transports auxquels les fumées de l'hypocras avaient sans doute quelque part, il embrassa l'affreux coupe-

voyez-vous ; ze ne me soucierais pas d'être impliqué dans une affaire où il irait de la roue...

Le soudard lui lança un regard de colère et de mépris.

— Vous reculez déjà? vous avez peur.

— Ze ne recule pas, compagnon, et ze n'ai zamais connu la crainte, mais ze souis peu zaloux d'attirer à mes trousses ce diable déçaîné de Défunctis, qui m'a dézà serré de près... Si ze n'avais pas eu le bon esprit de mêler les affaires du petit Villenègre avec les miennes, de telle façon qu'on ne pouvait me condamner et l'absoudre, ze ne sais trop si l'on ne m'aurait pas fait un mauvais parti à cause de l'aventure de Poliveau !

— Ce Defunctis vous paraît donc bien redoutable? reprit le capitaine en souriant d'un air sombre et dédaigneux : où en seriez-vous donc si, comme moi, vous étiez condamné depuis trois ans à être pendu, et si, depuis trois ans, vous braviez dans Paris la poursuite de ses archers?

De Manle fit une grimace de mécontentement.

—Ze ne vous demande pas vos secrets, capitaine; mais ze dois vous rappeler qu'avant tout, ze ne veux avoir aucun nouveau démêlé avec la prévôté.....

— Eh bien! on en passera par où vous voudrez, camarade, dit Corbineau brusquement; que diable! les amis ne sont pas des Turcs!... Le plus dangereux est d'enlever cette sotte jeune fille et de la conduire quelque part... Je me chargerai de ce soin. Quant à vous, vous n'aurez qu'à vous laisser diriger; vous ne courrez aucun risque, vous duperez le petit Villenègre en lui soufflant sa future, et vous gagnerez cinq cents pistoles. De plus, vous pourrez conter l'histoire comme vous l'entendrez, et corbleu! elle vous fera honneur.

— Voilà ce que ze veux, et vogue la galère! s'écria de Manle. Ami Corbineau, ze souis tout à vous,.. ze n'en demande pas davantage! Pourvu que l'aventure soit plaisante et gaillarde, ze souis content. Souffler adroitement sa maîtresse à ce petit fat de Villenègre et tirer des pistoles au père pour cela! mais c'est superbe! Il ne sera bruit que de moi à la cour... On voudra me voir, on vantera mon habileté, on me comblera d'honneurs, de pensions, et les plus grands seigneurs me demanderont mon amitié... Sur ma vie, brave capitaine, il faut que je vous embrasse; vous faites ma fortune en m'embarquant dans cette affaire!

En même temps il se leva, et dans les transports de sa joie, transports auxquels les fumées de l'hypocras avaient sans doute quelque part, il embrassa l'affreux coupe-jarret, qui se prêta d'un air maussade à cette familiarité.

— Ah çà, reprit-il gaîment en revenant à sa place, quand commencerons-nous, Corbineau, mon ami?

— Cette nuit même.

— Et nous serons seuls?

— J'amènerai quelques vieux narquois de la cour des Miracles qui ne craignent ni ciel ni enfer.

— C'est fort bien ; cependant j'eusse mieux aimé avoir pour auxiliaires des zentilshommes... Et comment comptez-vous pénétrer dans le couvent ?

— Nous n'aurons pas à y pénétrer... nous trouverons la belle drapière dans un autre endroit.

— Où donc, mon bon ami?

—Ici même, dans l'enclos du Temple... Allez, allez, le duc est bien informé; Mignon a semé l'or et ils savent tout ce qui se passe... D'ailleurs messire Defunctis, dont vous avez tant peur, veut excuser sa sévérité à l'égard du petit marquis et donne au vieux duc tous les renseignements nécessaires... Mais vous me faites songer, continua du Corbineau en se levant, que notre associé Mignon m'attend pour me donner ses dernières instructions... Ainsi donc, cavalier, nous pouvons compter sur vous?

— Ze vous appartiens de toute mon âme.

— Eh bien, c'est dit. Je vous quitte pour aller réunir nos gens et tout préparer... attendez-moi ici, ou plutôt non... ces allées et ces venues pourraient inspirer des soupçons... Tenez, continua-t-il en s'avançant vers la fenêtre et en désignant la tour du Temple, au coup de dix heures, trouvez-vous au pied de cette tourelle qui regarde le palais du prieur... La lune se lève du côté opposé et vous serez dans l'ombre... Si je ne puis venir, j'enverrai quelqu'un qui vous dira : *Au diable les nonnes;* vous répondrez : *Vive le val des écoliers!* ce sera vos signes de reconnaissance mutuelle... Alors vous suivrez cet homme et vous ferez ce qu'il vous dira.

— C'est convenu. A dix heures ze serai à mon poste.

— Ah çà, camarade, reprit le capitaine en ajustant sa lourde épée, j'espère que vous ne commettrez aucune imprudence... Soyez sobre; vous êtes assez disposé à boire outre mesure et déjà même vous me semblez avoir fêté le clairet plus qu'il ne conviendrait à nos desseins...

— Capitaine ! dit le comte d'un air de fierté blessée.

— Prenez-y garde ; mais pour activer votre zèle, il est juste que vous receviez les

jarret, qui se prêta d'un air maussade à cette familiarité.

— Ah çà, reprit-il gaîment en revenant à sa place, quand commencerons-nous, Corbineau, mon ami?

— Cette nuit même.

— Et nous serons seuls?

— J'amènerai quelques vieux narquois de la cour des Miracles qui ne craignent ni ciel ni enfer.

— C'est fort bien ; cependant j'eusse mieux aimé avoir pour auxiliaires des zentilshommes... Et comment comptez-vous pénétrer dans le couvent?

— Nous n'aurons pas à y pénétrer... nous trouverons la belle drapière dans un autre endroit.

— Où donc, mon bon ami ?

— Ici même, dans l'enclos du Temple... Allez, allez, le duc est bien informé ; Mignon a semé l'or et ils savent tout ce qui se passe... D'ailleurs messire Defunctis, dont vous avez tant peur, veut excuser sa sévérité à l'égard du petit marquis et donne au vieux duc tous les renseignements nécessaires... Mais vous me faites songer, continua du Corbineau en se levant, que notre associé Mignon m'attend pour me donner ses dernières instructions... Ainsi donc, cavalier, nous pouvons compter sur vous?

— Ze vous appartiens de toute mon âme.

— Eh bien, c'est dit. Je vous quitte pour aller réunir nos gens et tout préparer... attendez-moi ici, ou plutôt non... ces allées et ces venues pourraient inspirer des soupçons... Tenez, continua-t-il en s'avançant vers la fenêtre et en désignant la tour du Temple, au coup de dix heures, trouvez-vous au pied de cette tourelle qui regarde le palais du prieur... La lune se lève du côté opposé et vous serez dans l'ombre... Si je ne puis venir, j'enverrai quelqu'un qui vous dira : *Au diable les nonnes;* vous répondrez : *Vive le val des écoliers !* ce sera vos signes de reconnaissance mutuelle... Alors vous suivrez cet homme et vous ferez ce qu'il vous dira.

— C'est convenu. A dix heures ze serai à mon poste.

— Ah çà, camarade, reprit le capitaine en ajustant sa lourde épée, j'espère que vous ne commettrez aucune imprudence... Soyez sobre ; vous êtes assez disposé à boire outre mesure et déjà même vous me semblez avoir fêté le clairet plus qu'il ne conviendrait à nos desseins...

— Capitaine ! dit le comte d'un air de fierté blessée.

— Prenez-y garde ; mais pour activer votre zèle, il est juste que vous receviez les arrhes du marché... Tenez, continua le soudard, en déposant une poignée d'or sur la table, voici de quoi vous donner du courage... Et maintenant, adieu; n'oubliez pas l'heure et le mot de passe.

En même temps il enfonça son chapeau sur ses yeux et sortit à pas précipités.

Resté seul, de Manle se jeta sur l'or et le plaça dans la bourse suspendue à sa ceinture selon l'usage d'alors. Puis, s'avançant vers la fenêtre, il sembla calculer le temps qu'il lui restait jusqu'à l'heure du rendez-vous. Quoique le soleil eût disparu, il était encore grand jour.

— J'ai deux bonnes heures à moi et des

pistoles dans ma bourse ! murmura-t-il ; il faut les employer.

Il courut vers la porte que son compagnon avait laissée ouverte, et il aperçut dans une salle voisine les bourgeois qu'il avait éconduits si cavalièrement.

— Holà ! bonnes zens, s'écria-t-il ; par ici ! vous pouvez entrer maintenant. Ze vous dois oune réparation, et ze vous offre de vous la donner aux dés, aux cartes, à tous les zeux qu'il vous plaira... par ici, tous ! Z'ai de beaux écus d'or et ze tiendrai tout ce qu'on voudra ! Et toi, hôtelier du diable, du vin, de l'hypocras, du clairet, à ces bons drilles... ze paierai pour tous ! Ze veux m'encanailler, mordieu ! et apprendre à ces faquins à boire en zentilhommes !

Ceux qu'il interpellait ainsi ne lui montrèrent pas de rancune pour l'avanie qu'il leur avait faite en les chassant de la salle. Cinq minutes après, le comte, entouré d'une douzaine d'individus d'assez pauvre mine, jurait, sacrait et buvait avec eux.

FIN DU PREMIER VOLUME.

www.ingramcontent.com/pod-product-compliance
Lightning Source LLC
Chambersburg PA
CBHW071253160426
43196CB00009B/1276